对外汉语教学传播路径与跨文化交际模式探究

◎ 赵娟 / 著

中国水利水电出版社
www.waterpub.com.cn
· 北京 ·

内 容 提 要

本书以教学创新观念为导向，从对外汉语教学与跨文化交际的内在联系、跨文化交际理论解析、跨文化交际能力的培养路径探索、跨文化交际中的语用策略解读、对外汉语教学传播探究、对外汉语中的传统文化传播与教学分析等几个方面系统阐述了对外汉语的传播价值，这对于完善中国文化理论教学和实践教学体系，促进对外汉语教学的发展完善具有一定的时代意义。

本书可作为对外汉语教学类及相近专业类院校的专业基础教材，也可作为相关专业人员的参考书。

图书在版编目(CIP)数据

对外汉语教学传播路径与跨文化交际模式探究 / 赵娟著. -- 北京 : 中国水利水电出版社, 2019.5 (2025.4 重印)

ISBN 978-7-5170-7672-8

Ⅰ. ①对… Ⅱ. ①赵… Ⅲ. ①对外汉语教学—文化交流—模式—研究 Ⅳ. ①H195

中国版本图书馆 CIP 数据核字(2019)第 089587 号

责任编辑:陈 洁　　封面设计:王 伟

书　　名	对外汉语教学传播路径与跨文化交际模式探究 DUIWAI HANYU JIAOXUE CHUANBO LUJING YU KUA WENHUA JIAOJI MOSHI TANJIU
作　　者	赵娟　著
出版发行	中国水利水电出版社 (北京市海淀区玉渊潭南路 1 号 D 座 100038) 网址:www.waterpub.com.cn E—mail:mchannel@263.net(万水) sales@waterpub.com.cn 电话:(010)68367658(营销中心)、82562819(万水)
经　　售	全国各地新华书店和相关出版物销售网点
排　　版	北京万水电子信息有限公司
印　　刷	三河市元兴印务有限公司
规　　格	170mm×240mm　16 开本　13.75印张　202 千字
版　　次	2019 年 6 月第 1 版　2025 年 4 月第 3 次印刷
印　　数	0001—3000 册
定　　价	62.00 元

前言

语言是文化传承和发展的重要载体，是民族认同和民族风格的一个重要标志，是国家文化软实力的重要体现。中国对外汉语的世界性传播会加快中国走向世界的步伐，同时也是提高中国国际影响力的重要措施。由于经济全球化的持续快速发展，世界各个国家高层次、高水平上的合作也进入了一个新阶段。随着中国的经济稳步快速发展，与全世界各国在各方面的交流也越来越频繁，文化交流也相应增多。因此，弘扬中华传统文化，促进对外汉语发展，让世界更多地了解中国和中国文化，不仅是对外汉语教学工作的重中之重，也是对外汉语工作发展的目标。

在对外汉语言教育的实际过程中，如何提高学习者的跨文化交际能力成为教育工作者教学任务的核心所在。因此，对跨文化交际学的引入和运用成为必然之势。笔者分析跨文化交际学在对外汉语教学中的意义，进而阐发了跨文化交际学应用于对外汉语教学中的一些启示。本书以对外汉语教学传播与跨文化交际模式建构本书为选题，共分为六章，第一章论述近年来对外汉语教学中的跨文化交际研究、对外汉语教学中的跨文化参与、跨文化交际能力培养与对外汉语教学关系、跨文化交际学应用于对外汉语教学的启示；第二章分析跨文化交际中的价值观、语言交际、非语言交际；第三章阐述跨文化交际与第二语言教学、跨文化适应与对外汉语教学、跨文化关系、冲突经营与谈判、跨文化适应、认同与训练分析；第四章探讨跨文化交际的语用问题研究、汉语教学中反问句类的语用否定与跨文化语用策略、汉语表扬语与鼓励语的跨文化语用策略；第五章探索对外汉语教学中的文化传播、对外汉语教学中的文化传播、跨文化传播中的对外汉语教学网站的设计与开发；第六章对外汉语中的中国传统文化、“一带一路”对外汉语传播的创新模式、对外汉语中的中华传统文化传播模式、面对留学生的中华传统文化课程教学、以茶文化为例的留学生课程教学设计、中华传统茶文化教学与传播效果评估。

本书有两大特色。一是理论联系实际，全面地对跨文化交际背景下的对外汉语教学进行分析和解读，结合实际状况做出了相关阐述，重视理论联系实际。内容结构方面，有理论知识和实际应用模块，形成了从理论到理论与实践结合，再到实际应用的格局。二是本书的语言简明扼要，通俗易懂，没有使用生僻的专业理论词汇和晦涩难懂的语句。

本书的撰写得到了许多专家学者的帮助和指导，在此表示诚挚的谢意。由于作者水平有限，加之时间仓促，书中所涉及的内容难免有疏漏与不够严谨之处，希望各位同行、专家、老师多提宝贵意见，以待进一步修改，使之更加完善。

作　者

2019 年 1 月

目　录

第一章　对外汉语教学与跨文化交际的内在联系

跨文化交流和教育全球化作为文化交流最重要的组成部分，越来越受到人们的重视。在对外汉语教学中运用跨文化交际理论可以在一定程度上提升教学效果，对宣传中华文化也有着良好的推动作用。本章重点分析近年来对外汉语教学中的跨文化交际研究、对外汉语教学中的跨文化参与、跨文化交际能力培养与对外汉语教学关系、跨文化交际学应用于对外汉语教学的启示。

第一节　近年来对外汉语教学中的跨文化交际研究分析

随着我国经济地位和国际影响力的不断提升，中国文化越来越受到外国人的欢迎，汉语更是凭借其独特魅力吸引了很多外国爱好者。“汉语热”席卷全世界，催生了对外汉语专业的不断发展。目前，我国对外汉语专业面对国内外新形势，急需创新教学方式方法，在注重不同文化在实际教学中的融合基础上寻求突破，进一步扩大我国传统文化在国际上的影响力，是弘扬和实现文化自信、构建文化软实力的重要方面。

一、对外汉语教学中充分发挥文化因素的作用

（一）文化知识传播

汉语的学习必须基于中国文化底蕴和内涵。中国文化与其他国家民族文化区别很大，很多外国人向往对汉语的进一步了解，因为被汉语婉约的发音所吸引，欲进一步研究学习，但坚持下来，达到听、说、写能力的寥寥无几。这是因为缺乏对中国文化的进一步了解和体会，对汉语学习一知半解，很难找对学习方法，最终不得不放弃。以语法为例，汉语讲究主谓宾定状补的句子结构，日常对话会根据情景变化

表达的需要，主谓宾的顺序会发生变化，这对于以英语为母语的学生接受起来会比较困难，因为英语的句子把修饰的成分放在修饰对象后面，形成语言习惯的学生对于学习汉语的语言结构理解起来困难很大。根据这种实际情况，要求对外汉语的教师在教授语言基础上，传播中国文化，缓解学生对新文化的不适感，以介绍文化开始奠定语言学习的良好基调。①

（二）文化教育方法

为更好地推进对外汉语的教学工作，必须以中国文化为依托，提高学生对汉语学习的兴趣。首要教学的方式要与时俱进，根据学生的兴趣入手，扩大外国学生的中文知识积累，可以采取推荐课外读物与课堂实践环节相结合实现。

根据授课内容和授课任务，推荐优秀中文书刊和电影。比如书籍方面可以推荐《论语》《西游记》《红楼梦》《三国演义》等，这些书籍的外文翻译比较成熟，突出中国文化的同时激起学生的阅读兴趣；电影方面推荐《藏龙卧虎》《霸王别姬》这些在国际电影节获得大奖的作品，容易达成既定的学习效果。

课堂实践环节增添集体活动时间，采用日常对话的方式进行学习，教师在学生讨论中发现问题，做到及时强调和更正。

二、跨文化交际学在对外汉语教学中的应用

（1）接触。在课堂上，增加教师与学生、学生与学生之间的交流机会。为学生制造练习听读学习的语言环境。例如，播放一段日常问路的场景对话，以这个场景对话为模板，让学生之间互相练习。通过练习过程，让学生之间不断熟悉，增进感情；可以让学生以身边的热点话题展开讨论，增加话题的新鲜感，激发学生讨论欲望。若是准备充分，收集学生的全家福，让学生介绍自己的家庭成员。通过课堂上实践环节的表现，把枯燥的语言学习变得生动形象，让学生真正从心底爱上汉语学习。

---

① 王秋云，周州．浅谈近年来对外汉语教学中的跨文化交际研究［J］．科教文汇（上旬刊），2018（03）：43—45．

（2）模拟练习。认真观察学生在课堂上的实践环节，留意学生对话中存在的语法问题，做到及时教学更正，随后自然过渡到生词和语法的学习。教师授课方式不能采取灌输式，应该采取引导式，让学生在聊天中学习，在日常中积累。在教会学生正确语句表达后，让学生围绕一个话题，采取不同方式的表达进行练习。

（3）自由表达思想。教师在教学中，把学生分成两人一组，然后每一组分配一条书本上的关键信息，同学们互相不能看对方手中的信息，只能通过对话猜测分配到的信息。首先把一组学生请到讲台上进行演示，让其他同学模拟他们对话的表达方式，询问同组的组员，一问一答模拟练习词语和语法。尽量了解本组成员的相关信息，练习一段时间后，教师请几组学生上台表演再现他们的对话，最后教师请其余组的学生流利地把听到的信息组织成文，形成通顺的文章。① 教师在备课时，要充分了解学生的文化背景和其母语的语言习惯，不能以国内语文教学的方式进行对外汉语教学，在教学课堂上把教学任务与中国文化充分融合，才能让学生真正学会用汉语进行交流，让学生在汉语文化背景和语言氛围里进行汉语学习，是对外汉语教学的有效授课方式。

第二节　对外汉语教学中的跨文化参与分析

《国家中长期教育改革和发展规划纲要（2010—2020）》提出“进一步扩大外国留学生规模，不断提高来华留学教育质量。”21 世纪以来，随着综合国力的不断提高，我国对于世界其他国家和地区人才的吸引力也越来越大。来中国留学或工作的人才日益剧增，其中很大一部分人被汉语的美感以及中华文化的魅力所折服。但在实际学习中，几乎无一例外地遇到了困境，即使已经掌握了足够的汉字、成语、语法等知识，但在实际运用或日常交流中，仍然会出现不知所云或词不达意，甚至南辕北辙的表达。造成此现象的根本原因是以往的汉语教

① 钟佳艺．跨文化交际学应用于对外汉语教学的探讨［J］．农家参谋，2018（15）：172．

学中，只注重技巧、技术的灌输，而忽视语言运用情景，也没有重视不同语言之中所蕴含的差异性文化影响。

一、对外汉语教学中的跨文化意识与研究

学习一种语言，实质上是对语言所处文化的学习，因为语言本身就是一种对所处文化的记录和传承。对外汉语的教学是要与中华文化的传播相辅相成。从跨文化研究视角分析，学习者拥有跨文化意识对于自身的跨文化交际能力有着至关重要的作用。汉语的学习者在具备一定语言相关知识时，更重要的是要跳脱固有的思维模式，了解这些汉语词汇、汉语表达方式在中华文化中的实质内涵。

中西方文化在思维方式、生活习惯等方面存在着巨大差异，有些方面的差异甚至达到了天差地别的程度。例如，在西方文化中，“龙”一词通常代表着邪恶，但在中华文化中，“龙”却是一种祥瑞的象征。在语言教学中，如果不代入文化环境，就会造成众多困扰或者疑问。

离开对中华文化的学习，只学习作为文化载体与表现形式的汉语言，过程一定是充满疑惑与不解的，也一定是难以成功的。

对外汉语教学者假如想提高其执教水平，那么实现跨文化交流是首要技能，这要求教学者本身务必具备跨文化意识。对外汉语教学活动在形式上是一种语言教授过程，但在内涵上有着与国内语文教学活动截然不同的特点，国内语文教学的教师与学生基本上处于同一种文化熏陶下，对于语言的表象理解与抽象理解都趋于相同或类似，对外汉语教学面对的很可能是教师与学生来自两种或几种不同的文化圈。因此，教师切忌认为学生所理解的内容，即是自身要表达的。

由于文化背景的不同，教师与学生的思维习惯和行为模式也不尽相同，甚至是相反，这种局面突出教师具有跨文化意识的重要性，跨文化思维的运用，不仅能够使对外汉语教学得到一种比较理想的结果，而且通过培养学生的跨文化技能，对学生的学习能力也有着极大的促进作用。

跨文化参与，让对外汉语学习者学习中华文化、不仅是为了让他们更容易、更方便地学习汉语，这个过程其实也是一种传播中华文化，

提升汉语国际影响力的过程。伴随着中国经济硬实力的不断壮大，作为国家软实力的中华文化的传播与发展，就显得尤为重要。因此，努力做好对外汉语教学，让全世界越来越多的人可以把汉语作为除母语外的第二语言或是工作语言、商务语言。

二、对外汉语教学中的跨文化参与策略研究

学习一门语言的基本知识很容易做到，但如何能够在实际生活中恰到好处地运用，则是一门更为高深的学问。对外汉语教学中的跨文化参与，是学习这种“高深学问”的有效途径。

首先，文化是蕴含在语言信息之中。汉语教材之中有文化的影子，需要教师充分发掘。现代科技的发展，尤其是计算机技术、投影技术、模拟技术的发展，为对外汉语教师教学及在教学中体验中华文化提供了更加丰富、也更有效的辅助手段，对知识通过系统化、实用化的整理，以多种角度生动形象地呈现在学生面前。学生通过观摩理解和自己实景体验等方式，充分了解和认识文化背景，并对所学知识学以致用。例如，教师在讲述“成语”时，要让学生认识到成语在汉语中的特殊存在，与其他语言之中俚语等形式并不完全相同，并不能完全等价，甚至有时候不易相互翻译。用汉语言描述的、最能体现汉语魅力的“诗”，其他语言都不能翻译出其意境和美感。

其次，真正做好对外汉语的教授工作，只根据课本上的知识点和课堂教学是远远不够的。让学生真正掌握汉语，必须引导他们自主学习，培养他们平时的读说兴趣，教师给学生布置课上和课下作业，要注重结合学生的兴趣爱好，并且基于学生现阶段的汉语水平，不能凭空拔高，也不能太简单缺乏挑战性。可以推荐经典名著、电影、动画片短视频，在调动学生学习积极性的同时，注意提醒学生在看视频的同时，提高自身使用汉语的准确性，在课余生活中注重对汉语知识的累积，对于汉语学习意义重大。

再次，以提高学生在跨文化交流中的参与力度为目的，必须创新对外汉语的教学模式。为学生建立一种跨文化意识，设计与课堂内容教授相关的场景模拟练习，定期组织学生开展户外交流活动，增加学

生使用汉语次数和频率，调动学生运用汉语的积极性，培养学生跨文化沟通能力，以学生为本，让学生在实践中收获知识。

课余时间举行弘扬中国传统文化的活动，如庆祝中国传统节日，组织外国学生开展汉语话剧创作表演、汉语演讲比赛等多种形式的汉语体验式活动，摆脱单一教学模式的局限性，给学生创造一个汉语的文化氛围，增加互动实践环节，加深学生对汉语知识的热爱程度。①

最后，强化对外汉语教师的跨文化意识，提高对外汉语教师的教学水平。对外汉语教师不同于其他学科的教师，教授的是同一文化圈的学生，对外汉语教师面对来自世界其他国家和地区，拥有形形色色思想和行为的学生，不能一味地照搬其他学科教师，甚至国内语文教师的经验，而是要顺从全球经济一体化的潮流。教授语言首先从文化层面对学生进行熏陶，让学生了解语言形成、发展过程所处的文化氛围，并在实际语言应用中感受文化对于语言的积极意义。

因此，对外汉语教师的专业技能必须包含两个方面内容。一方面，专业知识的培养是必需的，也是毋庸置疑的，每一种语言都有着不同于其他语言的自身规律与逻辑，专业知识的学习对掌握一门语言来说是基础性的学习。另一方面的技能是跨文化意识的培养。教师应推己及人，在积极教授学生学习中华文化的同时，也要对学生的文化背景、社会习俗、思维方式等其原有文化进行了解，在教学中做到教师与学生相互尊重，避免因对文化差异的忽视而导致不必要的麻烦，甚至是严重冲突。

文化与语言有着特别意义，文化是语言的“内核”，语言是文化的一种“表象”。某种意义上，语言是文化的一种形式，能够对其他文化内容进行记录与记载。文化也渗透进语言之中，一种语言的形成与发展，离不开孕育它的文化。这要求语言的教授不仅仅是对汉字的读写、造句以及意义的简单理解与记忆，更重要的是学生对语言所处文化的了解与熟识，确保学生能够在中华民族文化中理解语言、运用语言，从而摆脱单纯学习语言的“表象”，而忽略语言“内核”所导致的汉语

---

① 王军，李丹阳．对外汉语教学中的跨文化参与研究［J］．吉林化工学院学报，2017，34（04）：1－3．

异常难学现状。

汉语学习者要在把握老师讲解语音、词汇等知识的同时，在课堂之外自主探索汉语所赖以生存的中华文化。如此才能在汉语的学习中得到事半功倍的效果，才能在跨文化交流中准确而得体地运用语言。

第三节　跨文化交际能力培养与对外汉语教学关系

世界各国在全球一体化和“一带一路”倡议的推动下交往越来越频繁，联系越来越密切。但是经济全球化不能带来文化的一体化，如今的时代特征是信息化、多元化、国际化和全球化，在人们生活中，会越来越多地出现跨文化交流，与此同时，由于文化背景的不同，跨文化冲突问题也日益凸显。在这样的环境下，需要培养人们跨文化交际能力，对于对外汉语教学工作者来说，是一个非常重要的任务，需要不断进行思考，并且付诸行动。

一、跨文化交际能力的概念

交际能力是跨文化交际能力的概念来源。“交际能力”这一术语是在1971年被提出来的，即在特定的语言环境下进行交际交往的能力，就是交际能力；与环境文化背景不同的人进行交流的能力，就是跨文化交际能力，能够对跨文化交际中的问题进行解决。跨文化交际能力需要深入广泛地了解异域文化，敏锐地感知文化之间的差异以及要有对差异的容忍度，并能够灵活地对文化差异进行处理，是交际者由内而外散发的力量。

跨文化交际的方向有多个，主要包括思维方向、知识方向、文化方向等，所以难以给出一个全面定义。

二、对外汉语教学过程中存在的问题

多方面的问题存在于对外汉语的教学中。如今世界各国的专家学者都在进行深入研究。对外汉语教学从教师角度看，主要存在的问题有如下几点：一是教师在课堂教学中与实际生活联系不够密切，选择

的话题学生不感兴趣，在教学过程中，从知识层面自然过渡到文化层面，很少有老师能够做到。二是不能将学生的潜能很好地激发出来，听和说分隔开来是经常出现的现象，这会造成学生听得懂但是说不出来，或者能说出来但是听不懂。三是学生的错误不能及时总结，或者非常模式化，大部分老师对学生正确的部分不够重视，只注重学生错误部分的研究。

三、对外汉语教学中跨文化交际能力的培养

（一）加强文化教学

语言作为一种工具，不仅能够用于交流，还可以用于思维，人们进行思维和交际的源泉就是文化。所以，文化知识的渗透在对外汉语教学过程中是要特别重视的。教学不能只注重培养语言知识，局限于词汇、语法和语音的教学。

在对外汉语教学中，要注重向学生传授中国的文化，可以将学生的目的语文化储备量提升，学生在进行交际时的思考角度，可以从目的语文化方面展开，使移情能力得到强化，冲突和摩擦也会大大减少。对异域文化要抱有尊敬的态度，是在对外汉语教学过程中首先要教育学生的，然而仅仅尊重是不够的，只有更好地掌握和理解目的语文化，才能真正融入民族文化生活。对待异域文化，在心态上要开放和包容，要撇开母语文化的思维定式，理解其中的一部分，并且能够使用合理的方式对待不理解的部分，使跨文化交际能力得到提升。①

（二）利用多媒体现代化教学手段

随着时代发展，在课堂教学中引入“翻转课堂”“慕课”等现代化教学方法，将听觉和视觉的潜能充分调动起来，是对外汉语教学过程中需要进行的。多媒体的交互功能非常强大，在教学中要能够充分利用，在对目的语与母语文化进行对比时，可以通过影像图片资料进行生动展示。例如，在教学中涉及汉语的茶文化时，教师可以通过影像，将整个泡茶工序重现，对于茶的种类，也可以通过图片展现出来。

---

① 刘建彤，蔺佳影．跨文化交际能力培养与对外汉语教学关系研究［J］．现代交际，2018（05）：126＋125．

“低语境文化”和“高语境文化”是霍尔对世界文化的分类。在“高语境文化”中最典型的代表是东方文化，交际中对语境的依赖程度比较高。所以，在二语学习中真实的语境非常重要。教学中，各种语境可以通过多媒体为学生创造出来，学生可以沉浸在语境中进行实践联系。此外，可以让学生观看电影，并且模仿表演电影中感兴趣的片段，这样一来，无论是在理性上，还是在感性上，学生都能够对汉语以及汉语文化进行真实地感受，更好地了解掌握汉语文化的特点，也能够对标准发音和听力进行练习。

（三）利用对比分析和偏误分析找出教学重难点

1957年，语言教学领域中独立出来了对比分析理论这门专门学科。迁移理论是对比分析理论的基础和源头，在拉多看来，在学习第二语言的过程中，语言学习者经常会习惯性地将母语的一些特征转移到所学目的语中，如果母语同所学目的语有着较高相似度时，更有利于学习者学习目的语，这就形成了正迁移；如果母语同所学的目的语相似度较低时，则会对学习者形成干扰和消极影响，这就是负迁移。

在开展对外汉语教学过程中，教师应当认真研究学习者的母语以及目的语在结构上的不同之处，分析和总结学习中可能出现的难点，制定相应的教学策略，让教学内容及方式更具针对性。教师应当通过教学，将一些在语言交际过程中起到阻碍作用的结构和内容进行总结，然后安排更多的时间进行反复讲解，组织学生进行实际操作，让他们更充分地理解这些学习难点，将汉字中一些同音不同形的词以及音与形都不同的词，详细地展示和讲解给学生。

在教学过程中，教师要纠正以往教学中形成的一个误区，那就是以为母语所产生的负迁移因素，造成学生语言学习中的所有错误，实际上并非完全如此。因为学生在语言学习过程中所犯的错误，其原因是多方面的。教师应当采用对比和分析的方法，预测学生学习中可能遇到的难点，可能出现的错误，提前给予有针对性的指导，采取必要的教学措施。比如汉语中有“该死”这个词，在语言学习中，可以通过对比分析的方式，将其与英语中的“gas”（汽油、煤气）联系起来，通过组成“汽油和煤气会使人中毒，真是该死”这样的句式，帮助记忆。

20世纪60年代，偏误分析开始出现并被运用，普遍语法理论以及认知理论是偏误分析的理论基础，这是首个给予学习者语言系统关注的理论。在第二语言学习者所拥有的中介语揭示过程中，在对第二语言学习规律的探究过程中，都发挥出不可替代的作用。“偏误”指的是在学习过程中所表现出来的一种具有规律性的错误；“偏误分析”指的是对学习者学习第二语言的过程中所产生的各种偏误进行全面分析；“中介语”的首个提出者是赛林克，指的是在学习第二语言时所产生的既不属于第一语言，又不属于第二语言的第三种语言系统，这是一种伴随学习不断深入，逐渐向目的语靠近的一种动态语言系统。

最早提出进行偏误分析的研究者是科德，他按照中介语发展过程的不同，将偏误分成三种类型：一是前系统偏误；二是系统偏误；三是后系统偏误。随着学习过程的不断进展以及学习者对目的语系统掌握程度的不断加深，学习者在学习过程中所出现的偏误会越来越少，并且即便出现了一些偏误，也会表现出越来越明显的规律性。

语言学习者在学习第二语言的过程中，经常出现的偏误主要包括以下几种情况：一是出现母语的负迁移；二是所掌握的目的语知识被过度泛化；三是文化知识方面出现的负迁移；四是环境因素的影响；五是学习者心理方面的影响。偏误分析的主要作用在于分析上述几种情况对学习者学习第二语言所产生的具体影响，并且据此分析和把握学习者学习第二语言时偏误产生的原因以及表现出的规律，在此基础上对教学方法做出更合理改进，尽量避免或减少偏误的出现，让学习者的语言输出质量进一步得到提升。

教师要有总结偏误的能力，这是一项基本能力，也是课堂教学的一部分。教师与学生都要反复对其进行强化，让学生尽量少犯类似错误，直到不犯为止。教师在分析和应对偏误时，应当采取更加灵活的策略，不能陷入一种模式化，在教学过程中要详细记录并分析学生容易出现偏误的知识点，据此在接下来的教学中，有针对性地给予学生以提示，然后采取不同方式进行实际运用和操作，减少错误，巩固知识点。

第四节 跨文化交际学应用于对外汉语教学的启示

一、跨文化交际学与对外汉语言教学

（1）跨文化交际学的研究范畴。跨文化交际学研究的是具有不同文化背景的个体，在社会交际中经常会出现的一些问题以及应对和解决这些问题的办法，目的是清除不同区域、不同国籍的个体在跨文化交际中所遇到的困难和障碍。[①] 简单来说，该学科研究的主要范畴是具有不同文化背景的人进行社会交际的过程。该学科最终的研究目的是帮助进行跨文化语言交际的人，能够最大限度地突破本国文化的局限性，提升跨文化交流的意识，了解和学习更多国家的文化。

在对外汉语教学中应用跨文化交际学，要让学习者更加准确地理解汉语中的汉字、词语以及语句的确切含义，在此基础上更加熟练地针对不同语境加以切换运用，帮助进行跨文化交流的双方顺利完成交际的整个过程。

（2）跨文化交际学与对外汉语教学的关系。随着全球化时代的来临，国际间的交流与交往更加频繁和密切，此时语言的传播显得更加重要。从世界范围来看，一个国家语言的传播范围与其经济发展的水平以及在国际上的影响力是成正比的。近些年来，我国在世界范围内的政治以及经济地位稳步上升，汉语在国际交往中，汉语的应用范围在不断扩大，在国际交往中所扮演的角色也越来越重要，开展对外汉语教学与传播，不仅可以扩大我国在世界范围的影响力，也能满足越来越多的外国人士学习汉语和中华传统文化的需求。

语言对于所有国家来说，都是各自具有标志性的一种文化载体。学习汉语可以在一定程度上被视为是对汉语言文化的一种认可和选择，所以对外开展的汉语言教学，实际是对汉语言文化的一种传播、推广和传承。所以，在对外汉语的教学中，不仅应当包括对汉语知识的传

① 王晓丹．跨文化交际学应用于对外汉语教学的启示［J］．才智，2018（03）：26．

授，而且还应当注重提高学习者跨文化交际的实际能力，在此基础上围绕文化教育这个核心，提升学习者的综合语言能力。

二、跨文化交际学应用于对外汉语教学的意义

（1）实现对外汉语教学目的的内在要求。开展对外语言教学的目的主要包括以下方面：一是打牢语言的基础知识，从听力、口语、阅读以及写作方面入手，掌握汉语言运用中的基础知识，掌握汉语言运用的基本技能；二是提升学习者基本的文化素养，帮助学习者了解和掌握汉语言的背景知识，并且熟悉与汉语言相关的文化要素；三是提高跨文化交际的实际能力，帮助学生根据不同的交际场景，自如地切换语境，调动起学习者学习汉语言的兴趣。简单来说，开展对外汉语教学的目的，是为了帮助学习者提升跨文化交际的实际能力，这不仅是对外汉语教学的目的，也是第二语言学习者的需求。

（2）处理对外汉语教学过程中跨文化交际问题的有效举措。在开展对外汉语教学的过程中，我们必须要面对的一个问题是，如何应对跨文化交际中出现的障碍，不论是日常的交际过程中还是在课程传授的过程，两种不同的语言背景必然会产生文化上的冲突，并因此而引发其他潜在问题，比如外国留学生在刚接触汉语言时，很难理解中文里一些有着特殊指代含义的词，在运用汉语进行交流的过程中，更无从使用这些特殊词语，比如“方便”“东西”。

为了更好地处理教学时容易出现的跨文化交际的各种问题，要在对外汉语教学中引入跨文化交际学。原因在于：首先，文化具有同化性，而学习者在学习第二语言时，因为与目的语国家语言的使用者缺乏共同的生活经历和环境，因此必然会产生一种陌生感和彷徨感，并因此而产生一种文化上的失落感和挫败感，这是一种常见的现象。所以需要跨文化交际学在对外汉语教学过程中，发挥一种思维方式导向作用，引导学习者理解和掌握第二语言的文化内涵以及语言环境。其次，不论是汉语言教学者还是学习者，可能会在主观上产生一种对他国文化的偏见以及不同程度的民族中心主义。这种情况的存在，必然会对正常的教学秩序造成干扰，因此需要引入跨文化交际学发挥指导

作用，让教学者和学习者都能够更加全面、更加辩证地认识和对待不同文化背景以及语言。

三、跨文化交际学应用于对外汉语言教学的启示

在开展对外汉语教学过程中，经常会面临文化差异所带来的困惑和干扰，这些都可以被纳入跨文化交际学研究的范畴，对于现阶段我国从事对外汉语教学的专业人士，首先要做的是利用跨文化交际学理论，指导具体的教学实践。

跨文化交际学可以在对外汉语教学中发挥以下作用：一是帮助从事对外汉语教学的教师了解自身文化背景，在此基础上探寻个人在语言和行为方面的个人倾向，帮助教师在教学过程中有效避开可能出现的文化冲突；二是应当进一步拓宽对外汉语教学从业者教学的背景和环境，帮助学习者树立起更明确的跨文化交际意识，提高使用目的语国的文化思考能力，让自身文化态度符合目的语国的文化背景；三是在对外汉语教学活动中，教师要关注到“通感”“移情”等情感因素所能发挥的重要作用，也就是从语言学习者角度出发，按照他们所处的文化背景以及思维、行为习惯认识问题，发掘跨文化交际中存在的潜在问题，采取有针对性的措施，促进对外汉语教育事业的不断进步。

第二章　跨文化交际理论解析

跨文化交际学这门学科在对外汉语教学领域的研究起步较晚，研究比较薄弱。本章重点解析跨文化交际中的价值观、跨文化交际中的语言交际、跨文化交际中的非语言交际。

第一节　跨文化交际中的价值观解析

跨文化交际中的许多语言和非语言方面的差异都反映了价值观的不同，而跨文化交际中的许多误解甚至冲突也源于价值观的差异。因此，了解不同文化的价值观和文化模式会帮助人们更好地理解不同文化背景的人们交际行为背后的文化原因。同时，在与其他文化的价值观的比较中，人们能更好地把握中国文化的本质特点。

一、价值观

（一）价值观的概念

价值观主要有如下几种定义：

（1）价值观是用于进行选择和解决冲突的规则。

（2）价值系统反映了什么是期望的，什么是必须做的和什么是禁止的。价值系统不是具体行为的报告，而是判断行为和约束行为的标准系统。

（3）喜欢某种事态而不喜欢另一种事态的大致倾向。

（4）价值观是关于什么是真善美的共享观念，价值观是文化模式的基础并指导人们应对自然和社会的环境。

综上所述，价值观具有如下本质特征：价值观不是实际的行为，而是关于行为的规则；价值观是一套关于什么是真善美的标准系统；这些规则和标准是用来判断和指导人们的行为的；价值观不是个人的喜好或倾向，而是一种集体的文化意识。

（二）价值观的种类

价值观包括很多方面，文化价值观可以分为两类：另一类是终极性价值观；一类是工具性价值观。终极性价值观是关于生命、生存等终极目标的价值观，而工具性价值观是关于道德和能力的价值观。

不同文化背景的人们对于终极性价值观和工具性价值观的选择和排列会有所不同。例如，西方人可能更看重自由、独立、获得财富等价值观，而中国人会更重视家庭和谐、责任感等价值观。

（三）价值观的特点

1. 价值观属于深层文化

霍尔（Edward 7. Hall）把文化比喻成“冰山”，价值观位于“冰山”的底层。霍夫斯蒂德（G. Hofstede）把文化比喻成“洋葱”，价值观位于这个“洋葱”的核心。这两个比喻一方面表明了价值观在文化中的基础和核心地位，另一方面也说明价值观是隐而不见的、无意识的。人们对自己文化的价值观往往习而不察，很少思考和讨论它。价值观也不能被直接观察到，只能通过行为方式来推断。

2. 价值观是人们行为的指南

价值观最重要的作用是指导人们的行为。价值观对人们行为的指导表现为两个层面：一是规定人们自身的交际行为是否正确或得体；二是影响人们对于其他人交际行为是否得体的解释和判断。

3. 价值观既是稳定的，也是变化的

与服饰和流行文化等相比，价值观相对来说比较稳定。不论是国家、民族，都有他们自己的观念。例如，中国人的仁义观念、日本人的秩序观念、西方人的自由观念等，都是由一代代人的精神所积累起来。一些价值观也会随着时态的具体情况发生改变。例如，如今我国经济发展水平的提升和我国对外交流领域的扩展，中国人的金钱观念和性观念都有所改变。

4. 不同文化的价值观既有相同的也有不同的成分

比如仁爱、公平、友情等价值观，是人们共同具有的。在我国传统儒学中有“己所不欲，勿施于人”。在中国文化中注重孝顺、和谐、谦逊等，而在西方文化中则注重隐私、自立、竞争等价值观。在国与国之间的跨文化交际中产生的矛盾，主要是由价值观的不同所导致。

5. 价值观被违背时会引起情感上的强烈反应

文化无处不在，文化的核心是价值观，所以价值观已经和人们的文化身份密不可分。当人们的文化价值观被挑战的时候，会有紧张焦虑等情绪，这就是“文化休克”现象。例如，当我们询问西方人的收入时，西方人一般会感到尴尬和不悦，这是由于该行为违反了他们关于隐私的价值观。在国外的课堂上，学生经常与老师争辩，这种行为如果是在中国课堂上，则会被认为是不尊重老师的做法。因为这种行为违反了中国人尊师重道的价值观念。

二、中美文化模式

人们所说的文化模式是一种文化中大多数人所认同或体现出来的文化特征。下面主要讨论中国和美国文化模式的特征。

（一）中国文化模式

要了解世界上不同的文化模式，首先要理解自己文化模式的特点。然而，要概括中国文化模式的特征也不是一件容易的事情。中国是一个既历史悠久又具有现代文明的国家，几千年的历史文化传统深刻地影响了中国人的观念和行为，同时现代社会的急剧变化，如五四运动的新思潮、社会主义的思想文化以及近些年经济的快速发展、全球化的影响等，使中国人的观念和行为发生了很大的变化。即使如此，在跨文化交际中大多数中国人还是体现出一些与别的文化群体所不同的文化特征。

中国人的价值观念大概有 40 项（顺序不分先后）：孝、勤劳、容忍、随和、谦虚、忠于上司、重视礼仪、礼尚往来、仁爱、学识、团结、中庸之道、修养、尊卑有序、正义感、恩威并施、不重竞争、稳重、廉洁、爱国、诚恳、清高、节俭、毅力、耐心、报恩与报复、文化优越感、适应环境、谨慎、守信用、知耻、有礼貌、安分守己、保守、要面子、知己之交、贞节、寡欲、尊敬传统、财富。以下几个方面的价值观比较集中地体现了中国文化模式的特点。

1. 以家庭为中心

在中国，家庭是每个人最重要的集体。在中国传统儒学思想中强调“修身、齐家、治国、平天下”，也就是说把个人修养和家庭和谐看得十分重要。对于中国人来说，家庭关系远远比社会关系重要。在中国人眼里，家庭包括父母、子女以及祖父母和兄弟姐妹等，这些人员互帮互助，联系紧密，组成一个大家庭。

在中国人看来，孝顺是家庭的核心。我们经常可以听到“百善孝为先”。所以，中国的父母希望子女能够听从他们。此外，中国家庭还具有相互依靠的特点，父母养护孩子，孩子长大后也要赡养父母。对于中国年轻人来说，报答、赡养父母也是他们努力工作的原因之一。

2. 尊重传统

中国文化源远流长、博大精深，中国文化值得我们自豪。正是因为这些原因，历史题材的影视作品和文学作品一直能获够得人们的认可。中国人常常以古代历史与当代的生活进行比较，并且人们在日常生活的交流和交往中，也会使用到历史典故和先人的名言故事等。对长辈和老人的尊重也是对中国传统的尊重。在中国人眼中，年长的人通常更有经验和智慧，所以他们值得后辈尊重。中国年轻人在工作中也要尊敬年长的人，听取年长的人的意见。

3. 面子观念

中国人十分注重自己在公众场所的形象，并且很在意他人的看法和评价，中国人的行为选择和改变等都会来自他人的看法和评价。许多中国人认为，有一份好的工作，子女学业有成，都十分有面子。反之，被他人指点子女学习成绩不好，在中国人眼里是十分丢面子的事情。

中国人除了重视自己的面子，更是重视他人的面子。如在中国，当别人发出请求时，大多数人不会当面拒绝，而是婉转拒绝。中国人重视面子的重要原因是追求自己与团体成员的和谐关系。但是，过于重视面子容易产生攀比心理，并且过于重视别人的面子，会让人失去原则，缺乏对真实性的追求。

4. 重视人情

在人际交往中，中国人十分注重人情。在中国人的饭局上，请客的人一般会点很多菜，并且劝客人多吃，中国人认为这是热情好客的一种表现。中国人讲究“礼尚往来”，即还别人的人情。当中国人获得了别人的恩惠、接受别人礼物等会觉得是“欠了人情”，事后会想办法“还人情”。一些人在给予了他人帮助后，他们希望对方能够报答，如果对方没有回报，他们会认为对方“不懂人情”。

（二）美国文化模式

本书主要讨论的是美国主流文化所体现的文化模式，或者说是大多数美国人身上所表现出的文化特点。

美国人的价值观包括干净、节俭、节约时间、实用、勤奋、主动、公平竞争、隐私、工作伦理、责任、进取、体魄、独创性、及时的行动、外貌、坚持、为未来准备、乐观态度。

1. 个体主义

在美国人的观念里，个体主义是最重要的，这也是美国文化最主要的特点。美国的个体主义文化倾向和其他国家相比比较强烈，从美国人喜爱的偶像——西部牛仔、总统肯尼迪等都能体现出来。

美国人民的个体主义价值观主要体现在独立、隐私、首创精神以及自我实现等方面。当美国人做自我介绍时，他们总想表达出自己与别人不一样。在美国，当孩子 18 岁成人后就要离开家庭，他们要精神和经济上独立。每一个美国人的第一目标是实现自我价值，并且他们对自己的婚姻、就业、教育等选择要由自己决定。在美国的人际交往中，他们会表现得很自信并且很主动。

2. 强调变化和进步

美国人认为未来会因为变化而带来美好，他们并不重视稳定、传统和经验，而是追求变化和不断进步。这样的观点促使美国人经常换工作或者换居住地。通过相关调查表示，美国人的一生会换五到六次工作，并且他们不喜欢长时间住在一个地方。美国人还非常喜欢使用科技产品，他们对新生的事物有着探索精神。在美国人的社交中，如果他们想称赞别人，他们会通过称赞对方的外貌和衣着等方式。

3. 物质享受

美国人十分看重舒适的生活。他们认为收入和房子等物质都能够成为判断一个人是否成功的条件。美国人尊崇消费主义价值观，认为对物质的追求和享受是理所当然，他们把物质条件当作是对自己辛勤工作的奖励。但是，美国人也会反省自己这种消费主义带来的消极后果。

4. 竞争意识

美国人认为，社会进步离不开自由竞争。在竞争中，每个人都能够获取利益，尤其是经济领域的竞争。在美国，无论是工作还是其他事情，他们都会争取做到最好。在美国人的日常生活中，孩子从小被鼓励发表自己的意见，这样的方式能够激发孩子的潜力，增加孩子独立思考的能力。美国人不能接受的一个词语是“失败者”。

第二节　跨文化交际中的语言交际解析

在跨文化交际模式中，语言交流是最普遍的交流方式。语言文化担负着传承文化的责任，也是人们相互沟通所借助的工具。语言的魅力在于它自身所蕴含的文化气息，在人们使用语言时，必须有特定的规范准则，而语言这种文化的弊端是约束了语言使用群体的生活体验方式。

在交际活动中，语言和文化的联系甚密，是跨越文化领域进行学术研究的关键。与汉语学习相比，对国际语言的学习属于第二语言的学习，这种第二语言教学旨在提高学生的交流水平和沟通能力，拓宽学生的文化知识面，使跨文化学习成为学生掌握汉语文化知识和国际文化知识的重要途径。所以，主授课程时汉语教师必须合理认识汉语与国际语言的关系，钻研二者的相似点和差别点。

一、语言与文化

（一）萨丕尔—沃尔夫假说

文化和语言的相通性是人类学家研究的对象。洪堡是德国一位人类学家，他强调不同的语言之间有一定的差异，或者是文字表达的差异，或者是符号标点的差异，或者是读音的差异，而语言所蕴含的世界观差异是最为关键的。著名的萨丕尔—沃尔夫假说是由萨丕尔与沃尔夫提出，两位杰出的美国人类学家完美地诠释了语言和文化的相通性，并说明了语言自身所具备的世界观和思维模式。

博厄斯是杰出的美国人类学家，而萨丕尔出身于博厄斯门下。萨丕尔一生都在钻研北美地区的印第安语，他强调人类的生存环境和物质条件决定了在语言文化中会存在表达词汇的特定分类方式。基于事物自身所具备的文化内涵，它们在外界环境中有了自己的独特语言名称。以印第安语对峡谷的命名为例，印第安人集中于美国西南部的高寒平原，他们为居住的峡谷进行命名和归类，由此产生了圆形峡谷、半圆形峡谷、空旷峡谷以及溪涧峡谷等，这些峡谷的名称是印第安人追求精致生活的最好证明。萨丕尔总结出语言词汇的分类程度与人类的生活方式和生活态度息息相关，具有重要的研究意义。

沃尔夫出身于萨丕尔门下，他一生都在钻研语法的结构特征和理论思维，强调二者的内在关联。在研究不同的语言所具有的表达方式时，他提出印第安人的母语霍皮语（Hopi）与英语在时空上有所区别，霍皮语关注时间的延续性，强调不可数时空下事件的重复性；英语关注时间的阶段性，强调可数时空下的时间分类，即现在、过去和将来。在沃尔夫看来，人类一生的跌宕起伏并不能决定时空的存在和事物的概念，人类的语言表达才是最关键的决定因素。

基于对印第安人语言的研究，萨丕尔和沃尔夫提出了他们的著名观点：语言不仅表达和反映了思想，而且还塑造了人们的思想和世界观。萨丕尔明确指出："人们并不仅仅生活于社会活动的世界之中，而且处于已成为该社会表达手段的某特定语言的严格控制之下。"[①] 沃尔夫也强调："世界表现为万花筒式的各种各样的感觉和印象，这些必须由人们的头脑来组织，而这意味着这些大致上是由人们头脑中的语言系统来组织的。"由于萨丕尔—沃尔夫的这个观点强调语言对于思维的决定性作用，因此这个强式假说又被称为"语言决定论"。

在语言界提出强式假说之后，语言学家专注于寻找支撑假说成立

① 祖晓梅. 跨文化交际［M］. 北京：外语教学与研究出版社，2015.

的论据，但是，找寻结果却不尽如人意，无人找到准确论据，也无人找到反面论据。沃尔夫对于这种语言决定论有不同观点，他表明语言的存在只是人类表达自己的情感和理解世界的工具，语言仅仅是影响情感流露、行为方式以及价值观念的因素，并不能成为关键的决定因素。沃尔夫的这种观点史称为“语言相对论”，这一理论传承了一种弱式假说的理念，揭示了语言和文化的交互影响性。

萨丕尔—沃尔夫假说主要包含三层含义：①不同的语言以不同的方式感知和划分现实世界；②一个人所使用的语言结构影响他感知和理解世界的方式；③讲不同语言的人感知的世界是不同的。萨丕尔—沃尔夫的理论对跨文化语言交际的研究有很大启发。跨文化交际领域的很多学者都采纳了萨丕尔—沃尔夫的语言与文化相互影响的观点，即相信语言和文化是相互作用的，不同的语言模式会导致人们对世界的认知的不同。

（二）语言与价值观

语言与文化关系密切。文化存在于语言中，语言中充满了文化。还创造了新的词汇“langue culture”来表明语言与文化不可分离的关系。第二语言教育家将语言与文化的关系概括为：语言表达了文化、语言体现了文化、语言象征了文化。

在语言和文化联系纽带中，可以看出语言最迷人的魅力在于其蕴含的重要价值观、态度观和世界观。不同的语言有着不同的表达方式，展现出各自特有的俗语语句和名言警句。深究这些特有的表达方式可以发现，语言文化的价值观念是表达方式的决定因素，一旦人们了解了一种语言文化的内在韵味，自然可以运用语言进行表达行为。在看待个人主义和集体主义的内在含义时，世界的万千文化有着不同的理解方式，得出的结论也各有不同。

中国语言文化和日本语言文化在表达方式上各有不同，人们平常交流所使用的格言和谚语，流露出两国文化的不同价值理念，而两国文化的相似点是文化的深刻内涵性，“此时无声胜有声”的句段正好说明了这一特性。相比于高语境文化，美国文化则以低语境著称，直接抒发个人情感。美国、中国、日本文化的语言表达方式，充分展现出不同文化所具有的沟通形式。

在语言文化展现各自特有的表达方式和价值理念的同时，不同的文化也会呈现出某种表达方式的相似性，这种相似性跨越了文化的价值取向，使人们学会了交流和沟通，形成文化间的关系纽带。

二、语义与文化

（一）词义与文化

词汇是语言文化的关键元素，和文化之间有着紧密关系，在超越文化国界的交流中发挥着重要作用。从语言产生伊始，它的本质特征就是心意表达，基于文化和意境的差异性，不同的语言有着不同的概念。在跨文化交流中，因为国家文化的差异，人们对特定词汇的概念理解会产生偏差，导致交流障碍的产生。

造成跨文化交际中产生误解的往往不是词语的概念意义，而是附加意义。一般来说，词汇的指示意义是对客观事物或事件的命名和描述，含义比较客观也比较稳定，通常不会影响跨文化交际中意义的传递和理解。但是内涵意义是附加意义，具有多样性和复杂性，往往是特定文化中约定俗成的，而且会随着时代的发展和语境的变化而变化。

根据词语的指示意义和内涵意义把跨文化交际中使用的词汇分为五种情况：重合词汇、平行词汇、全空缺词汇、半空缺词汇和冲突词汇。重合词汇、平行词汇、全空缺词汇一般不会引起跨文化交际中的误解，而半空缺词汇和冲突词汇中那些指示意义相同而内涵意义不完全相同甚至截然相反的词语，最容易成为跨文化交际的障碍。

（二）颜色词、动物词、数字词

颜色词、动物词、数字词是每种语言中都存在的普通词汇，但是这几类词汇的象征意义和感情色彩却存在很大的文化差异。这些词语文化内涵的不同源于不同民族所处地理环境、思维方式、民族心理等方面的差异。词语文化内涵的差异容易引起跨文化沟通中的误解，因此词语文化内涵的研究是跨文化交际学者比较关注的问题，也是与语言教学紧密相关的内容。

1. 颜色词

虽然颜色词在所有语言中都存在，但是颜色词的联想意义和象征意义却有文化的差异。中国京剧的脸谱用红色代表忠诚，用黑色代表正直，用白色代表奸诈。而在印度尼西亚的皮影戏中，却是红色代表贪婪，黑色代表紧张，白色代表高贵。这说明颜色词所体现的象征意义、联想意义和感情色彩并不具有普遍性。颜色词的内涵意义受文化的制约。

红色在很多文化中象征着热情、危险和暴力。红色被认为是令人激动的，因为它能使人们想到火、血和革命的含义。但在中国文化中，红色象征着幸福、吉祥和欢乐。所以结婚时新娘要穿红色的衣服，春节时要贴红色的对联、挂红灯笼，亲友结婚生子时要送红包祝贺。除了表示喜庆和吉祥，红色在中国传统文化中还有辟邪的含义。“本命年”的时候，许多中国人穿红色的内衣，系红色的腰带，以趋吉避凶。红色的这些内涵意义是中国文化所特有的。

白色是一种基本的色彩，不同的文化赋予它不同的内涵意义。在西方和日本文化中，白色象征着干净和纯洁，所以西方人结婚时新娘穿白色的婚纱，日本人结婚时新娘穿白色带花的和服。朝鲜民族更是崇尚白色，他们称自己为“白衣民族”，男性的传统服装是白色的，韩国国旗的底色也是白色，韩国人送别人礼金用白色的信封。但是在中国文化中，白色代表死亡、鬼魂或不吉利的事情。中国人传统的葬礼上要穿白色的孝服，电影和画报中出现的鬼魂也是穿白色的衣服，看望病人不能送白色的花。

由于颜色词在不同文化中具有不同的象征意义，所以在跨文化交际中也会因此产生误会。

2．动物词

不同的文化对待每种动物的态度不同，动物词便具有了不同的象征意义和联想意义。在中国文化中，龙是最尊贵的动物，是中华民族的象征。龙在古代曾经代表威严和神力，在现代则象征着吉祥、财富和成功。汉语里凡是与龙有关的词语大多是褒义词：龙凤呈祥、望子成龙、乘龙快婿、龙马精神、龙腾虎跃等。所以中国人很喜欢龙，自称为“龙的传人”。在龙年出生的孩子特别多，中国的男性也喜欢用“龙”字取名，人们熟知的电影明星如李小龙、成龙就是以“龙”为名的。但是在西方文化中，龙的对应词“dragon”却是一个贬义词。西方古典文学中“dragon”的形象是一种口中喷火的庞然大物，象征邪恶、霸气和侵略。正因为“龙”和“dragon”有不同的象征意义，有的学者建议在翻译“龙”这个词的时候，使用音译的“long”来代替“dragon”。这场关于龙的讨论从一个侧面说明龙的象征意义在中西方文化中差别很大，而且这种差别可能会引起跨文化交际中的误解。

“狗”是另一个容易引起跨文化误解的动物词。在中国传统文化中，狗往往具有比较负面的形象和联想意义。很多与狗相关的词语都是贬义词，这在一定程度上反映了中国人传统上对狗的态度。但狗在英语中一般有正面的意义，有关狗的表达中狗的含义都是褒义的。西方人介绍自己的家庭时，往往把狗也算作一个家庭成员。

还有一些动物词在不同文化中的象征意义或联想意义差别很大。猫头鹰在中国古代是不吉祥的动物，它的叫声使人产生不祥的预感，往往与不幸或死亡相联系，而在希腊文化中，猫头鹰却代表了智慧。蝙蝠在中国文化中是吉祥的，因为“蝠”与“福”谐音，所以传统年画中常出现蝙蝠的形象，而在西方文化中，蝙蝠却是不吉利的，使人联想到死亡。牛在中国文化中的联想意义基本是正面的，而在日本文化中，牛却有负面的联想意义，常让人联想到懒惰和愚笨。

由于不同语言中的动物词具有不同的象征和联想意义，跨文化交际中会很容易产生笑话和误解。

3. 数字词

数字词本来只有指示数字的作用，但是由于文化的影响，数字词在不同的文化中具有不同的象征意义。在中国文化中，“八”是很吉祥的数字，因为它与“发财”的“发”谐音，在人们看来象征财富和好运。在日本，“八”也是一个吉祥数字，这主要是因为“八”的写法是从窄处越写越宽，表示越来越顺利的意思。

在东亚文化中，“四”是不吉利的数字，因为“四”的发音在汉语、日语和韩语中都与“死”的发音相似。在中国，人们挑选车牌号或电话号码时尽量避免末位是4的号码。日本、韩国的医院和高级公寓甚至不标明第四层。

因为“九”是个位数字中最大的，在汉语中代表了一种最高境界，而且由于“九”与“久”谐音，所以在中国“九”是一个吉祥的数字。在古代，帝王们常用“九”字象征皇权的至高无上和统治的地久天长。而在日本文化中，“九”却是一个不吉利的数字，因为“九”在日语里与“苦”谐音，表示痛苦或辛苦，所以日本人特别不喜欢含 49 或 94 的数字。

中国人崇尚偶数，因为偶数象征着和谐与圆满。因此，古代诗歌讲究对偶，建筑讲究对称，结婚选偶数的日子，点菜也要点双数。汉语一般词汇大多是双音节的，成语则一般是四个字组成的。对偶数的偏爱体现了中国文化重视平衡与和谐的观念。在中国人看来，结婚用“红双喜”字，婚礼选在双数的日子，礼物是双数的，代表着一对新人幸福美满。但是日本人和韩国人更喜欢单数。日本人认为双数容易拆分，所以结婚的时候避免用双数，有避免离婚的含义，参加别人的婚礼时，一定要准备单数钱的红包。韩国人也喜欢单数，认为单数是阳数，而且特别喜欢“三”，因为韩国人认为万物的基本元素是“天、地、人”，“一”代表阳，“二”代表阴，“三”则是阴阳的完美结合，因此“三”是最完美的数字。但是在越南文化中，“三”却是不吉利的数字，做生意的人会避免在逢“3”的日子出门，照相的时候，也很少三个人合照。

在西方文化中，“七”是一个吉祥数字，有“lucky seven”的说法。西方文化常用数字“七”来命名事情或人文景物。西方人喜欢在七月举行婚礼，7 月 7 日结婚的人格外多。而在中国的广东话里，“七”和“出”谐音，意味着钱财的流出，另外，普通话里“七”与“气”谐音，表示生气不愉快，这也是中国人不喜欢数字“七”的原因。

西方文化中“十三”是不吉利的数字。西方国家的建筑一般不标明十三层，人们吃饭避免十三个人坐一桌。西方人特别忌讳“十三”与“星期五”重合的日子，这一天被称作“黑色星期五”，一些西方人避免在“13 号”和星期五重合的日子里乘坐飞机，举行开业典礼、婚礼或其他庆祝活动。

了解数字词在不同文化中的特定含义，能让人们更好地与不同文化的人交流。

（三）禁忌与委婉语

禁忌是人类社会普遍存在的文化现象，人们对诸如生老病死、隐私等许多方面多有避讳，因此产生了大量委婉语。了解不同文化中的禁忌和相应的委婉语不仅可以深入理解不同文化的价值取向，也可以避免在跨文化交际中出现不必要的误会。

语言中的一些词汇不方便直接表达出来，人们在表达解手、危重症和死亡时会使用温婉的替代方式表达。以危重症的替换表达为例，汉语在说明病症和机体障碍时，会使用“谢顶”表达“秃顶”；英语在说明病症时，会使用首字母简称的方式替换忌讳词汇，一般“TB”的完整解释是结核病，“BigC”的完整解释是癌症。以死亡的替换表达为例，汉语在说明死亡时会使用“牺牲、逝去、英勇就义、过世、永诀”等表达；英语在表明死亡时，会使用 go to heaven、depart this life、pass away、join the angels 等表达方式。

但是不同文化避讳的内容并不完全相同。在英语文化中“胖”则是禁忌词。英美人在交际时，不会使用“fat”来形容对方。由于超重和肥胖已经成为西方发达国家较为严重的社会问题，人们不希望肥胖，因此“fat”就成了避讳的词语。如果形容一个人胖，要用“overweight”来代替。然而在中国文化中，人们并不避讳说“胖”。“你最近胖了”或者“你最近发福了”曾经是中国人常用的见面寒暄语，即使是现在人们仍然这样问候熟人或朋友，没有任何的恶意或冒犯。

“老”是美国文化中另一个避讳的词，使用“old person”来指称老年人是一种不敬，应该用“the elderly”或者更正式的“senior citizen”来指称老人。对“老”这个词的忌讳反映了美国文化崇尚年轻、活力和变化的价值取向。可是在汉语里，与“老”相关的词语大多含褒义，说法都是对老人的赞扬，称呼语中的“张老”“李老”是人们对学识渊博、德高望重的长者的尊称，而把熟人和朋友称为“老张”或“老李”则表示一种熟悉和亲近的关系。

了解各国的语言禁忌和委婉语对跨文化交际有重要意义，因为违反了禁忌常常会造成对别人的冒犯，给人留下不礼貌的印象。

（四）敬语与谦辞

在很多国家的语言中，敬语都是非常重要的礼貌手段，人们会根据对方的地位、年龄、辈分以及与对方的亲疏关系来选择适当的敬语。中国人最常使用的敬辞是“您”。很多西方语言中的第二人称单数也有正式和非正式的区别，类似于汉语中“您”和“你”的区别。比如法语中的“VOUS”和“tu”，德语中的“Sie”和“Du”，西班牙语中的“usted”和“tii”，前者都是敬称。但是英语的第二人称没有专门的敬语形式，用“you”称呼所有的人。汉语中对别人使用的尊敬说法还包括“君、足下、阁下、贵校、府上、令堂、仁兄、贤弟、令爱、贵姓、指教、拜访、光临、关照、高见、大作”等。

贬己尊人是中国人重要的礼貌准则之一，因此中国人对别人使用敬语的同时对自己使用谦辞。汉语中的谦辞有“敝人、在下、家父、犬子、小女、拙著、拙见、寒舍”等。虽然有些敬辞在现代生活的日常交往中不再频繁使用，但在正式的场合和书信来往中，特别是在受过良好教育的人之间还会使用。如何使用敬语和谦辞不仅关系到礼貌，而且往往反映一个人的文化修养，使用不当会带来尴尬和误解。

在中国，权力的高低和德行的深厚决定了敬语的使用语境，称呼长辈和高级领导时，通常要使用“您”，所以，儿女称呼父母就是“您”。在韩国，尊老的思想观念深入人心，韩国人的尊卑观念性很强，他们称呼长辈必须用敬语，包括同辈中的师兄、师姐。

欧洲人的文化习惯并不重视亲疏距离，他们不经常使用敬语。在西班牙人的交流方式中，“usted”是最常用的第二人称，他们不在乎交流对象的身份和地位。在交流时，双方一般会在“til”出现时，开始使用非敬语交流。

汉语文化博大精深，在语言使用过程中，抓住谦辞和敬语的使用语境很关键，所以，专攻跨文化教学的汉语老师在保证传承本国文化的精髓和语言魅力的同时，也要注重本国文化中谦辞和敬语的出现语境，时刻谨记文明礼让的传统习俗，发扬中华民族的民族精神，更重要的是为学生的语言学习铺平道路，使学生可以掌握使用谦辞和敬语的合理情境，提高学生的学习能力和纠错能力，培养学生正确的语言交流方式。

三、语用与文化

语言不仅是进行表情达意的方式，同时还有实施行为的具体职能。语言和文化之间的紧密关系，不仅是借助语言这一形式进行文化内容的表达，同时文化对于语言使用的规则具有深刻影响。但是，因为文化是不同的，所以不同文化有着不同的语言使用规则。所以，为了避免实际跨文化交流中的语用不当，我们要深入了解不同文化间，语用差异以及相应语用规则。

称呼语、称赞语、道歉语和请求语是与礼貌有密切关系的言语行为，也是跨文化语用学研究最多的言语行为。下面就重点讨论这几种言语行为在跨文化交际中的异同。

（一）礼貌原则与策略

在影响语用规则的众多因素中，礼貌原则是非常重要的。讲究礼貌是各文化中的普遍现象，礼貌起着维护交际双方均等地位和促进友好关系的重要作用。虽然人们说话需要遵循合作原则，但是有的时候为了维护礼貌原则，人们甚至可以牺牲合作原则。礼貌原则包括这些准则：①得体准则；②慷慨准则；③赞扬准则；④谦虚准则；⑤一致准则；⑥同情准则。

虽然人们都普遍遵循礼貌原则，但不同文化对于礼貌的各项准则的重视程度不尽相同。中国人对于别人的称赞回答“哪里哪里”，而美国人则回答“谢谢”。中美回答称赞方式的不同反映了中国人遵循的是谦虚准则，美国人遵循的则是一致准则。

中国人礼貌的四个特征：尊重、谦逊、热情、文雅。并提出了中国人的五条礼貌准则：①贬己尊人准则；②称呼准则；③文雅准则；④求同准则；⑤德、言、行准则。在这些礼貌准则中，贬己尊人准则是中国人最重要的礼貌准则。

礼貌与面子的观念相关。面子就是一个人在公众面前要努力获得的个人形象。每个交际参与者都有两种面子需求：积极面子和消极面子。他们认为，许多言语行为在本质上是威胁别人面子的，因此需要说话人采取礼貌策略来减轻某些交际行为给听话人的面子带来的威胁。那么礼貌策略的使用程度受到以下三个因素的制约：

（1）说话人与听话人之间的权力距离。

（2）说话人与听话人之间的社会距离。

（3）言语行为的强加程度。

对于影响礼貌策略的三个因素，不同文化的人们对于权力距离和社会距离的理解和重视程度是不同的。在等级观念比较强的文化中，权力距离是影响人们使用礼貌策略的最重要因素，而在强调平等的文化中，社会距离可能是影响礼貌策略使用的主要因素。

早期的跨文化语用学主要研究与礼貌相关的言语行为在不同语言中被理解和实施的特点。最有影响的研究是在20世纪80年代所做的CCSARP（Cross－Cultural Speech Act Realization Patterns）项目。[①]这个项目对八种语言中的“请求”和“道歉”行为进行了对比，考察了在不同文化语境中实现言语行为的常用策略和礼貌程度，以及影响语用策略选择的文化因素。这项研究以第二语言学习者为对象，考察他们如何理解和实施目的语的言语行为以及对礼貌程度的判断。此项研究对于了解第二语言学习中文化学习的特点、语用迁移和语用失误等问题都有重要的启发意义。

（二）称呼语

称呼是语言交际中最频繁出现的言语行为。对别人使用得体的称呼是礼貌的基本要求，同时称呼也反映了不同文化的人们对社会关系的理解。称呼语分为面称和叙称两种，称呼形式包括亲属称呼和社交称呼。这里主要讨论用于面对面交际的社交称呼。由于称呼语受到民族传统、社会结构和价值观念的制约，不同的文化在称呼的使用方面具有不同的特点。

在社会交往中使用亲属称谓是大多数集体主义文化的特点，反映

① 王建华，周毅．对外汉语教学视野中的跨文化语用研究［J］．绍兴文理学院学报（哲学社会科学），2011，31（05）：90－94．

了家庭关系在人际交往中的重要性。对于中国人来说，对家庭亲属的称谓有着明显的泛化趋势。在韩国、泰国等亚洲国家都有着相似之处。中国人对于亲戚的称谓，往往是以对方的辈分、年龄以及不同场合确定。在中国人的社交生活中，“爷爷、奶奶、舅舅、伯伯、叔叔、阿姨”是极为常见的亲属称谓。但是，对于西方英语国家来说，在社交场合他们极少使用亲属称谓，家庭中的孩子对于父母朋友称呼往往都会加入前缀词，比如会采用 Uncle＋名”或者“Aunt＋名”形式，但是对于陌生人来说不会采用同样的称呼方式。而且，对于老年人来说，他们通常不会直呼“爷爷、奶奶”，这是非常不礼貌的行为，并且对方也会因此感到不快，造成这一现象的原因主要是因为在西方文化中，对“老”是极为忌讳的。

在大多数文化中，使用“职衔＋姓”都是礼貌而正式的称呼形式。相对而言东亚国家使用“姓＋职务”的称呼形式较为频繁。而美国人在地位相同或不同的人之间都倾向于互称名字，而且可以在很短时间里从称呼“职衔（头衔）＋姓”转变成称呼名字，有的美国人初次见面就请求对方直接称呼自己的名字。

相比之下，对于美国人来说，英国人在对于他人的称呼上更为正式，尤其是对于老年人或者具有较高社会地位的人，最为常见的称呼方式是经常采用“职衔（头衔）＋姓”，同时地位不同的熟人之间直呼姓名的现象，也是极为普遍的。在西方国家中，相对来说比较喜欢用正式称呼的国家，还有法国和德国。

免姓称名也是一种容易引起跨文化误解的称呼方式。在西方社会中，对于家人、朋友以及上级、下级之间普遍采用直呼姓名的称呼方式，但是在中国文化中，避免姓称名的称呼方式普遍在家人、朋友之间，表达彼此的亲近关系。如果名字只是一个字的话，恋人以及配偶会采用称呼一个字的方式，展现双方非比寻常的关系。

通称也是一种普遍使用的称呼方式。英语里经常使用的通称有“Mr.＋姓、Miss＋姓”等，对于陌生人则用“Sir”或“Madam”。在不知道对方姓名的时候不能单独用“Mr.”或“Ms.”称呼对方。对于不熟悉的女性，一般用“Ms.＋姓”的方式，因为使用“Ms.＋姓”

的称呼不必考虑对方年龄或结婚与否，而且西方女性出于保护自己隐私的原因，也比较喜欢这样的称呼。在西方中小学，学生常常用“Mr. ＋姓”或者“Ms. ＋姓”来称呼他们的老师。而在大学里，对于有学术头衔的教师则要使用“Dr. ＋姓”或者“Professor＋姓”的称呼。如果对有博士学位和教授头衔的教师或学者称“Mr. ＋姓”，就显得正式有余而尊敬不足了。在汉语中，常用的通称有“先生、女士、小姐、同志、师傅”等。一般来说，对受过良好教育的专业人士、公司白领等称呼“先生”和“小姐”显得正式而礼貌，对技术工人等蓝领阶层的人称呼“师傅”显得比较亲切。

（三）称赞语

称赞是人际交往中一个重要的言语行为，称赞的主要功能是建立良好的社会关系。它的功能包括打招呼、感谢、表示抱歉、引出话题等。在跨文化交际中，称赞语是使用非常频繁的言语表达，但是称赞的对象、内容、频率和回答方式都有跨文化的差异，使用不当会造成尴尬或误解。

称赞语在语言形式上是高度格式化的。在句式方面，大多数的英语称赞语是用以下三种句式：

（1）NP＋is/look＋Adj.

例：You are in good spirits today.（今天你看起来很精神。）

（2）I＋like/love＋NP

例：I like your scarf.（我喜欢你的丝巾。）

（3）Pron. ＋is＋Adj. ＋NP

例：This is a beautiful house.（这是一座很漂亮的房子。）

另外，根据他们的研究，英语称赞语中出现最多的五个形容词是“nice，good，beautiful，pretty，great”，占所有称赞语形容词出现频率的 80%，其中，“nice”和“good”又占了这五个词出现频率的 42%。

汉语称赞语的句式也很集中。汉语称赞语的主要句式与英语相似，所不同的是，中国人很少使用类似于英语的第二种句式“I＋like/love＋NP”这种形式来表达称赞。用“我喜欢你的……”方式来称赞别人的物品，容易给人留下贪婪的印象。对这样的称赞，中国人也很可能会以为是一种间接的请求。

称赞语的跨文化差异体现在称赞的频率、内容和对象方面。美国人称赞别人的频率远远高于日本人。日本人赞扬别人最多的是才能和表现，而美国人则主要称赞外貌和个人品质。在称赞外貌方面中国人与美国人有很大不同。中国人不太称赞别人的外貌，这与中国人重视内在道德修养和崇尚含蓄有关。异性之间更是很少评价外貌。而美国人经常称赞别人的外貌，对外貌的称赞表现了美国人重视新事物和追求变化的价值观，也说明美国人更重视称赞的交际功能。但是美国人称赞外貌大多是称赞衣着打扮的变化，而不是评价别人的长相，因为衣着打扮是人为的结果，而且是变化的，而人的长相是天生的，往往不能改变。如果称赞美国女生漂亮或小伙子很帅的时候，美国人很可能会感到吃惊和尴尬。

称赞行为中最大的跨文化差异体现在对称赞语的回答方式上。有学者把对称赞语的回答方式分为三类：接受、拒绝和回避。英语国家的人一般采用接受的方式，回答“thank you”。而中国人常常进行否定，回答“哪里哪里、不敢当、过奖了”等。英美人在称赞回应方式上遵循的是一致准则，而中国人遵循的是谦虚准则。当中国人与西方人以各自的方式在交际中回答对方的称赞时，可能会出现一些交流的障碍或误解。

虽然英语中回答“thank you”的比例很高，但是单独使用这种方式的却很少，英语国家的人大多采用“thank you＋其他策略”的组合方式回答称赞。虽然大多数中国人使用否认和回避策略来回答称赞；但并不是对所有赞扬都一律回答“哪里哪里”。中国人对于外貌方面的称赞大多回答“谢谢”或者“是吗”，对才能与表现方面的称赞则大多表示否认，回答“不行不行，还差得远呢”。原因是中国人把对外表的称赞看作是一种客套话，用“谢谢”或“是吗”表达赞同对方的意思，而把对才能或表现的称赞看作是真正的称赞，因此回答时避免自我赞扬。另外，汉语中的回答“是吗”与英语的“Really?”或者“Do you think so?”的内涵意义是不同的。英语中这样的回答带有怀疑语气，有否定的含义，但是中国人对别人的称赞回答“是吗”并不是拒绝，而是一种间接的接受，反映了中国人讲求含蓄的特点。

（四）道歉语

道歉也是交际中常见的言语行为。道歉是一种补救措施，它的基本功能是对冒犯行为进行补救，从而恢复社会关系的平衡与和谐。跨文化交际中，道歉表达在内容、形式等方面都存在差异，很容易引起交际中的误解。西方人常常抱怨中国人很少说“对不起”，认为中国人不讲礼貌。实际上，中国人和西方人在道歉的使用场合和表达形式上存在着很大差异。

Holmes 认为道歉策略主要包括四种：

（1）明确道歉。

例：对不起。

很抱歉。

（2）解释或说明原因。

例：路上堵车了，所以来晚了。

（3）承担责任。

例：这是我的错，我一定要赔你。

（4）对未来做出承诺。

例：下次我一定要早一点儿出来。

道歉语也是一种在语言形式上高度格式化的言语行为。英语道歉语常用的词并不超过 10 个，主要有 apologize，forgive，sorry，regret，excuse，pardon，be afraid that 等。在汉语中则是“对不起、不好意思、原谅、抱歉、遗憾”等词汇出现的频率较高。大量的实证研究表明，不同文化中人们使用的道歉策略具有相似性。道歉语大多包括直接道歉和承担责任两个部分。

道歉行为的跨文化差异主要是在内容、频率以及影响道歉的社会文化因素方面。根据 Holmes 的总结，英语中的道歉内容大致分为以下六个方面：碰撞身体、打断谈话、社交失态、占用时间、损坏物品、带来不便。中国人在碰撞身体和社交失态两个方面较少道歉。在西方社会，如果在谈话中或者在很安静的场合突然咳嗽、打嗝或者打喷嚏，会认为是一种社交失态，一般会说“sorry”或者“excuse me”。中国人觉得这种情况对别人影响不大，一般不需要道歉。在公共场所碰到了别人的身体，英美人会说“sorry”，即使没有发生身体接触，只占用了别人的个人空间也会说“excuse me”。但是中国人发生身体轻微碰撞时较少说“对不起”。按照胡文仲的解释，因为中国人口众多，公共场所相对拥挤，在公共场所发生身体轻微碰撞的情况比较常见，人们对拥挤的容忍度相对较高，因此很多中国人觉得没有道歉的必要。

权力距离和社会距离对不同文化的道歉语产生了不同的影响。在中国文化中，权力距离对道歉策略的选择有重要影响。

跨文化交际中经常出现道歉语的误用情况。英语学习者常常因为分不清“I am sorry”和“excuse me”而出现语用失误。“excuse me”主要用来补偿对社交礼仪的违背，而“I am sorry”主要用来补偿对一个人权利的侵犯或者对一个人感情的伤害。比如，当一个人将要打断别人的谈话或者即将占用别人的私人空间的时候，用“excuse me”更为合适。而踩了别人的脚或者占用了别人的时间，用“I am sorry”则比较得体。另外，英语中的“really sorry”和“very sorry”在含义和用法上也是有区别的。在英语国家的人看来，“really sorry”表达更诚恳的道歉或遗憾，而“very sorry”常常用于一般的社交礼节。

汉语学习者也会出现道歉语的语用失误，“I am sorry”在英语中具有表达道歉和遗憾的双重功能，而汉语的“对不起”只表示道歉，并没有表示遗憾的含义。由于英语的语用迁移，有的汉语学习者会用“对不起”来表达遗憾。

（五）请求语

作为一种带有指令性质的语言交际行为——请求，其具体是指由说话一方发出请求的需要，同时让另一方可以按照说话方的意志完成某件事，但是因为听话方的利益是受损的，所以从本质上来说，请求是缺乏情理的，需要采用礼貌的策略弥补对方。在当代社会中，请求作为一种相对困难的交际行为，不仅包含着对某种行动的要求，同时也需要双方的社会联系以及情感基础。因此，在各个文化中，最为复杂、极具跨文化差异的交际行为，就是请求。借助请求语，我们能够很好地显示交际双方的权利、义务等细微关系。

英语中请求行为的表达方式分为六种：陈述型、命令型、包孕命令型、请示型、提问型、暗示型。

(1) 含“好吗/行吗/能……吗/可以……吗”或“好不好/行不行/能不能/可不可以”等的询问式。

(2) 含“请、劳驾、麻烦您”等的祈使句。

(3) 一般疑问句。

(4) 一般祈使句。

(5) 暗示句。

(6) 陈述句。

请求的言语行为与礼貌的关系非常密切。一般来说，越间接的请求显得越礼貌。请求别人开门，英语中的以下几种表达方式越来越间接，其礼貌程度也就越来越高。

1) Open the door.

2) Open the door, please.

3) Can you open the door?

4) Could you open the door?

5) Would you mind opening the door?

6) It is hot here.

因为疑问句比祈使句听起来更间接，英美人通常用疑问句来表达请求以达到礼貌的目的。但是在汉语中使用“请+祈使句”的方式也是比较礼貌的。但是英语请求语的礼貌形式是以“can/could you”或者“will/would you”开头的疑问句，使用祈使句被认为是粗鲁的请求。

不同文化对于判断请求行为是否合理得当，存在一定的限制。对于汉语请求语有着深刻影响的，还有权力距离这一重大因素。在工作生活中，下级对上级、晚辈对长辈在进行请求时，要使用疑问句才会更显得礼貌得体，如果是上级对下级、长辈对晚辈表示请求时，运用祈使句也是能够接受的。但是在英语表达中，不会将个人地位作为表达请求时的资本，无论地位如何，不会在表达请求时使用祈使句，普遍采取的是间接疑问句形式进行请求。但是在正式的社交场合中，无论社会地位多高的人直接表达权威，也是极为不恰当的。

因为各个文化中，语言形式和文化规则的不同，所以在汉语中极为礼貌的“请＋祈使句”的请求方式，在英语表达中会极为不恰当。对于外国人来说，这也是他们认为中国人表达请求时相对直接的原因之一。

四、语言交际风格与文化

交际风格是指说话的特点。交际风格体现了特定文化的人们理解和使用语言的方式，因此交际风格与文化关系密切。交际风格的不同是造成跨文化交流障碍最重要的因素之一。

（一）直接与间接的交际风格

在高语境文化和低语境文化中，其重要的体现形式主要有两种：直接和间接，这也是中西方在交际风格方面的最大差异。高语境文化的人，重心在于听话者，借助委婉的表达形式暗示表达自身的真实想法，听话者会猜测说话者的真实意图。相对于高语境，低语境文化的人以说话者为重心，说话较为直接，不会采用委婉的表达形式，通过语言可以了解其内心的真实想法。价值观的不同是造成不同语言交际风格的重要影响因素。语言交际风格更是对价值观的具体体现，对于交际风格有着较为直接影响的是个体主义和集体主义。个体主义对于个人隐私高度重视，使用直接交流方式表达己见，是个体主义常用的表达方式；采用直接交际风格的典型代表是美国文化，但是相比于个体主义，集体主义注重的是维护人际关系的稳定，通常采用委婉的表达方式阐述自身的意愿；采用间接交际风格的典型代表是东亚国家的文化。

同时，面子观念也与交际风格息息相关。在东亚国家中，因为顾忌到双方面子问题，所以会采用间接的交际方式，如果直接表达自身需求，自己的面子就会丢失，如果对方一旦没有答应自身的请求，会造成尴尬的局面，对方的面子也会受损。从东亚人的角度来说，维护人际关系的和谐比真实表达更为重要，所以，为了维护好双方的面子，人们都会采用暗示、试探等间接的交际方式进行请求，而不会直接表达出自身意愿。

在中西方文化中，交际风格是让双方极为疑惑且极为沮丧的跨文化差异。对于中国人来说，他们普遍认为西方人不懂人情世故，过于坦诚直率。但同时，西方人也很难理解中国人的间接表达方式。①

（二）谦虚与自信的交际风格

在中西方文化交流中，还有一种相对突出的交际风格差异，就是谦虚和自信，这种交际风格差异在跨文化交流中，也极易造成误解。

对于中国人来说，谦虚是传统美德，低调含蓄是进行语言表达时的准则，在送人极为贵重的礼物时，往往说，"一点心意，不成敬意。"在招待客人时，满桌佳肴，主人会说，"这只是家常便饭，大家就凑合吃吧"。在对日本人和美国人演讲方面进行总结之后，我们可以轻而易举地得出有关发现，讲笑话是美国人作为发言开场白的主要方式，而道歉是日本人作为普遍发言开场白。自信和直接表达是西方文化中极为重视的。在招聘中，应聘者可以极为自信地说出，"我有这方面的工作经验，这份工作是我能胜任的"，同样在送别人礼物时也会说，"这是我为你特地准备的礼物，希望你可以喜欢这份礼物"。

价值观不同是谦虚或者自信的交际风格的本质，同时对于交际风格有着深远影响。与众不同，敢为人先，高度自信是个体主义所注重的，但是对于集体主义来说，其注重的是个人与集体间的和谐统一，尽量采用谦虚含蓄的表达形式。在汉语与日语中，提倡谦虚的有谚语以及格言警句。在应聘中，美国人注重自身能力的展现，而中国人则会尽量将自身能力隐藏起来。所以，对于这两种不同的交际风格，其背后都体现着两种不同的文化逻辑。美国人认为"我有这个能力，我就要展露出来让我的上司清楚我的工作能力"，但是中国人则认为"我做得好，我的上司就会注意到我，我没有必要直接展示自己的工作能力"，这就是中西方两种完全不同的思维逻辑。

因此，从西方人的角度来说，他们所认识到的中国人的谦虚、含

① 司乐园，王永祥. 探析跨文化交际中的中西方语言差异［J］. 教育教学论坛，2018，368（26）：83-84.

蓄，是有可能造成误解的。

（三）归纳与演绎的交际风格

话题引入的方式是中西方在语言交际风格上的另一大不同之处。亚洲人在谈话中，普遍的说话顺序是“主题—评论”，在有了充分背景性简述后，才会提出主要观点，或者是经过漫长的闲聊后，才逐渐步入正题。西方人在谈话开始时，会将自身主要观点提出来，之后再进行解释说明。所以，两种形式的会话风格由此形成，“归纳式”是前者的会话风格，“演绎式”则是后者的会话风格。

采用归纳式还是演绎式的谈话方式体现了人们不同的文化观念。面子观念对于中西方话题切入的方式有着很大影响。由于顾忌对方感受但是又要留有余地，中国人往往会采用先进行理由或者原因陈述后再下结论的交际形式，所以这种为了维护双方面子而进行的协商，是极为耗费时间的。保持人际关系的和谐以及维护双方面子，是这种交际风格的首要注重因素。但是，西方人对于采用直接的交际风格更为喜爱，直接切入主题可以清楚目的，提高谈话效率。

谈话方式的不同，是造成跨文化交流中出现诸多误解的重要原因之一。对于西方人来说，谈话开始的部分，他们会极为关注，但是中国人则不然，谈话后的结论才是关注的重点。对于西方直接切入主题的谈话方式，中国人会觉得极为不合适，但是西方人对于中国人由浅入深的谈话方式，会干扰他们的思路，不能理解谈话的真实意图，所以双方会为此产生误会。

第三节　跨文化交际中的非语言交际解析

人们在进行跨文化交际的过程中，除了使用语言之外，还会进行大量的非语言交际。所谓非语言交际，是使用者对时空的利用和肢体行为，包括表情、眼神和手势等。由于非语言交际会受到语境和文化影响，所以具有文化规约性和模糊性。这使得非语言行为这一在跨文化交际中占有一定地位的信息传递方式，出现冲突和误解，而这些都是跨文化交际中心的主要研究内容。

通过研究在不同文化中，非语言行为的特定含义和规则，能够帮助跨文化交际者增强跨文化交际过程中的敏感性，使得整个交际过程更加得体、有效。

一、非语言交际

（一）什么是非语言交际

非语言交际是人类交际的重要组成部分，是跨文化交际的主要形式之一。

非语言交际的以下特点：非语言交际不包括语言，而是包括了各种非语言的交际行为；非语言交际具有互动性，涉及信息的发出者和接受者的编码和解码过程；非语言交际是在特定情景中产生的，与语境有密切的关系；非语言交际可能是有意的，也可能是无意的。

非语言交际的种类繁多，一般认为，与跨文化交际密切相关的主要有四类。

（1）体态语（body language）。体态语又称为身体语言，包括外貌服饰、面部表情、眼神交流、手势、姿势、身体接触等。

（2）副语言（para language）。副语言又称为伴随语言。指的是伴随语言发出的没有固定语义的声音，包括音高、音量、语速、话轮转换（tum—taking）等。

（3）时间观念（chronemics）。时间观念又称为时间学。指的是人们如何对待和使用非正式的时间，例如人们对准时、预约、计划性、最后期限等问题的看法和处理方式等。

（4）空间利用（proxemics）。空间利用又称为距离学，包括个人空间、人体距离、座位安排、家具排列等方面。

（二）非语言交际的特点

非语言交际和语言交际在一定程度上具有相似性，但两者在更多方面体现出不同特点。以下是非语言交际体现出的特点。

1. 非语言行为可能是有意的，也可能是无意的

人们的非语言行为，其中有一部分是使用者有意识的行为，具有明确的意图。比如，人们通过微笑表达自己的亲切友好，或者通过佩

戴首饰展现自己的时尚品位。但是，当无意识的非语言行为在跨文化交际过程中被理解为有意识行为时，就会产生误会。比如在外国人印象中，中国人常常说话声音较大，这种无意识的非语言行为，使得外国人常常以为中国人在吵架，产生负面影响。

2. 非语言行为具有文化规约性

非语言行为主要是受到其产生文化环境影响，和意义本身并没有必然联系。也就是在不同的文化背景下，非语言行为具有其特定的含义和规则。比如“耸肩”这一动作，其特殊意义是独属于西方文化，表示无奈或不知道，在中国文化中并没有任何实际意义。而且非语言文化由于具有很强的文化规约性，有的时候一种相同的非语言行为，在一种文化中是得体的，换到另一种文化中却是冒犯的。比如在中国，长辈对孩子表示喜爱的时候，常常会摸孩子的头，但是在泰国，则是一种非常严重的冒犯行为。

3. 非语言行为受到语境制约

非语言行为的含义和规则，不但受到文化影响，也在一定程度上受到所在语境因素影响。这和交际过程中非语言行为的发出者的自身教育程度、社会地位、性别年龄和性格爱好等有关。相同的语言行为，在不同的语境中可能会产生完全相反的效果。比如，西方人在见面时会亲吻和拥抱，但是在两个男人之间是不可以进行这种行为，而且对于时间的强调也在不同的语境下存在差异，比如西方人在工作场合强调一定要准时，否则十分不礼貌。但是，如果是在社交聚会中，却是稍稍迟到一些时间更加得体。所以在研究跨文化交际中的非语言行为时，还要考虑不同语境的差异性这一因素，不可过度概括。

4. 非语言行为具有模糊性

非语言行为区别于语言行为的又一个特点是其具有模糊性。由于非语言行为不仅会受到不同语境因素的影响，还不能够确定发出者的行为是有意还是无意，所以人们对其意图和含义很难确定。如 Wood（2008）中说道：“人们永远不能确定别人是否理解了人们想要在非语言行为中表达的含义。”这种模糊性会对跨文化交际过程产生一定阻碍。比如在进行跨文化交际过程中，其中一个人保持沉默，那么另外一个人由于不了解其非语言行为的含义，从而产生模糊性。

（三）非语言交际的功能

非语言行为会在交际过程中产生重要功能，甚至在信息交流过程中起到大于语言的作用。非语言交际主要有以下三种主要功能。

1. 传达真实的内在感情

非语言交际能够帮助人们传达真实情感。人们在同时使用语言和非语言进行交际时，语言知识传达内容信息，而表明交际者关系和态度的往往是非语言行为。也就是人们常常可以通过一些非语言行为，传达自己内心的情感和态度，当然也能够通过非语言行为判断对方的真实想法和意图。例如，当一个人收到了一件自己并不喜欢的礼物时，虽然出于礼貌还是会表示对礼物的喜爱，但是通过他打开礼物时皱了一下眉毛，能够判断出他并不是真的喜欢这个礼物。

2. 营造交际印象

非语言交际的第二个功能是能够通过一些有意识的非语言行为，营造某种印象或吸引对方的注意。例如，在面试过程中，面试者的非语言行为会给考官形成一个第一印象，这在一定程度上会影响应聘的结果。再比如，美国总统竞选时，老布什因为在与克林顿竞选的过程中不断看手表，让选民感到他十分不专心、不耐烦，这直接影响他的选举结果。所以，在跨文化交际的过程中，要注意非语言行为的使用，得体的外表和举止会给对方营造良好的印象，这样才能保证交际能够愉快地进行。

3. 进行会话管理

非语言交际的第三个功能是进行会话管理。也就是通过手势、表情、眼神等引导、强化和解释当前的对话。例如，行为专家对美国前总统奥巴马和他的竞选对手罗姆尼在总统竞选中的手势进行了分析。奥巴马非常喜欢在演讲过程中使用控制性的手势，而他的对手则常用点头和展开双臂的动作，表现他乐于接受群众意见。但是在进行文化交际的过程中，人们在使用非语言行为进行会话管理时，其含义和规则不同，导致对方在理解的过程中会产生偏差，从而形成交际障碍。比如当日本人和巴西人进行信息交流时，日本人常常喜欢沉默，而巴西人则喜欢打断别人，两种非语言行为由于在含义上无法达成共识，所以会使得交际双方感到非常不愉快。

二、体态语与文化

（一）外貌服饰（appearance）

人们的外貌和衣着打扮也是非语言交际的一部分。在社会交际中，人们常常可以通过一个人的衣着打扮和外貌判断这个人的性格、职业、审美和社会地位等。在跨文化交际过程中，也会有“以貌取人”的情况。如果一个人的衣着打扮在该交际场合是得体的，那么会让人产生美好的印象，整个交际过程也会更加顺利、愉快。反之，则会产生尴尬，甚至会冒犯对方。

不同的人在穿衣方式上由于受到文化和自身因素影响，会产生很大不同，其实在一定程度上能够反映出其所在文化的审美和价值观。

教师在社会上充当着教书育人的角色，所以不论是哪个国家，都普遍认为教师的着装应该是得体大方的。但是究竟怎样的着装才算是得体，不同文化下的标准也是不同的。在相当部分亚洲国家，非常讲究尊师重道，所以教师在着装时，为了表现为人师表，会穿得较为正式，男教师常常要穿西装，而女教师也要穿较为正式端庄的套装。

比如泰国对女教师的着装要求非常严格。上课时，教师的衣服必须要有衣领和袖子，裙子必须超过膝盖。在埃及，也规定教师不能穿牛仔裤、戴项链上班，男教师也不能佩戴手镯。但是在西方国家，教师的着装则相对自由、多样化，教师可以穿西装，也可以穿休闲装，甚至可以穿牛仔裤和运动鞋。一般来说，中国教师在上课时着装相对随意，女教师可以穿毛衣，男教师也可以穿夹克衫。针对这一现象，对不同国家的留学生进行了调查，发现来自日韩等亚洲国家的留学生认为教师的着装过于随便，但是欧美国家的留学生则并不在意。

在是否佩戴首饰以及是否化妆上，不同的国家也产生了一定的文化差异。比如在追求个性的西方国家，女性非常注重饰品的佩戴，不仅喜欢戴，还研究与衣服的搭配，而对饰品的品质如何并不太关注。值得注意的一点是，在西方国家，已婚男女一般都会佩戴婚戒，这样不仅能够表明自己对于婚姻的忠诚，也能够告诉他人自己的已婚身份，避免在一些社交场合出现尴尬。在中国，中国女性并不热衷佩戴首饰，即使佩戴也是金银或珍珠材质。已婚人士也并不经常戴婚戒。

在女性化妆方面，不同文化也存在着一定差异。中国女性更加强调内在美和含蓄美，但是西方国家的女性则非常注重化妆。对于化妆的问题，向不同国家的留学生进行了调查。大部分学生认为女教师最好是化妆，而且是化淡妆。因为这样不仅会让他人赏心悦目，教师自己也会更有自信，而且在社交场合，化妆也能够表示对他人的尊重。同时，大家也普遍认为教师不适合在上课时浓妆艳抹，因为学生会因此分散注意力。

个人卫生也是会产生跨文化误解的因素。一个人洗澡和换衣服的频率与他生活的环境和习惯有关。在讲究变化和个性的西方国家，需要每天都洗澡换衣服，但是在中国并没有天天换衣服的习惯。

衣着打扮是非语言行为的一部分，它会直接影响他人对你的印象，进而影响交际活动。汉语教师在与外国人进行交际时，需要更加重视自己的形象，保持良好状态。

（二）面部表情（facial expressions）

一个人的面部表情往往能够真实地反映出其内心情感。人们在交际过程中，通过面部表情判断对方的想法和意图。但是受不同文化影响，不同国家的人通过面部表情表达情感的程度有很大不同。阿拉伯和拉美国家的人们非常善于用面部表情表达自己的感情，喜怒哀乐都呈现在脸上。如意大利、西班牙等国，男性在公共场合哭泣也是常有的事。东亚地区讲究含蓄和内敛，讲究喜怒不形于色，尤其是男性常常并不会将自己的真实情感完全表露在脸上。所以，这种平静的表情在跨文化交际过程中，也会产生一定的交际障碍，让西方人觉得难以捉摸。英语中的“inscrutable”本意是因为没有面部表情，而让人无法捉摸。

不同文化对于运用面部表情反映情感的理解是不同的。在日本人看来，在公共场合能够克制住自己的情绪和情感流露，是一个人成熟的表现；韩国人也认为过多的微笑会使得这个人看起来轻浮；中国讲究男儿有泪不轻弹。一个男人如果经常掉眼泪，在中国人看来是没有男子气概。在集体主义文化中，一个人当众表达出自己的负面情绪，会使得集体的和谐受到影响，所以大家都尽量克制自己负面情绪的表达，维护团体的稳定和谐。

微笑是人类最常出现的表情之一，但是在跨文化交际中，也常常出现交际困难。因为微笑在大多数情况下表示快乐和友好的意思，但是在亚洲国家，它还有抱歉、害羞、拒绝、尴尬、生气等含义。日本人常常在悲伤的时候用微笑掩饰自己的情绪。亚洲学生在西方课堂上回答不出老师问题时，常常用微笑表示拒绝和尴尬，或者通过微笑表达自己的害羞。这时如果西方老师不理解，就会产生误会。

在微笑的使用对象和场合上，不同文化下的人们也有很大不同。在东亚国家，人们比较含蓄，所以很少对陌生人，尤其是陌生异性微笑。男性对陌生女性微笑，常会给人不怀好意的感觉，女性对陌生男性微笑，也会让人觉得很轻浮。但是在美国，尤其是在美国乡镇，常常会有陌生人相互打招呼和微笑，这会让刚到美国的东亚国家人产生误会。

亚洲人对于微笑对象的态度，主要是受到其集体主义价值观的影响。因为在亚洲国家，往往是由内团体和外团体加以区分，对于陌生人和熟悉人采用的完全是两种交际方式。另外，一个影响微笑的因素是权力距离。在亚洲国家，往往权力距离较大，下级对上级的微笑更多一些。在权力距离较小的国家，则没有这种现象。

（三）眼神交流（eye contact）

人们内心的感情以及对人与事物的态度，都可以通过眼神体现出来。拥有不同文化背景的人，眼神交流的方法可能不同。比如，直接通过眼神交流，在有的文化中是一种礼貌的行为，但是在有的文化中会被看作是一种不礼貌、不尊敬或者冒犯的行为。

在西方国家中，大部分人都认为在谈话时直视对方眼睛，表达的是一种尊敬、诚恳、自信，对对方的谈话表示非常感兴趣的一种态度，眼神躲闪、飘忽则表示不认真、不在意、不真诚的一种态度。在美国，从小学生开始培养他们在大庭广众之下演讲的能力，如何与他人进行直接的眼神交流，则是演讲培训的内容之一。在演讲过程中不直视观众，只看演讲稿的学生是要被扣分的。交谈时直视对方眼睛在阿拉伯国家也代表尊重，但在有些国家则不然。比如日本，人们在交谈时，直视对方眼睛是一种非常没有礼貌、非常不恭敬的行为，尤其是晚辈对长辈、下属对领导，弯腰低头代表恭敬。在日本，老师在给学生传授面试技巧时，一般会教他们在面试时目光放在对方嘴巴的位置。

除了直视眼睛在不同国家代表的意义不同之外，注视的时间在不同的文化背景下也有区别。在日本，如果注视别人的时间过长，会引起对方不适，是一种非常不礼貌的行为。但是在阿拉伯国家，男性是可以互视，他们认为，直视对方眼睛，不仅可以让对方感觉到自己对其讲述的内容非常感兴趣，还可以从眼神中了解到对方交谈的真实目的。德国人在交谈时，注视的时间比美国人长，所以当德国人和美国人交谈时，美国人会有些许不适。德国人认为，长时间的注视代表真诚、对对方的谈话非常感兴趣，但是美国人却不太能接受，他们觉得这种注视过于直接和热烈。

每一种文化中，眼神交流所代表的意义可以是不同的。如果东亚人与西方人，或者阿拉伯人进行眼神交流，他们很容易会产生误会。东亚人在交谈时，一般不会长时间注视对方，尤其是在异性之间。如果西方国家或者阿拉伯国家的男性在交谈时，长时间注视东亚女性，东亚女性则会浑身不自在，甚至会怀疑对方有所企图。中国文化教育学生在聆听老师的教导或者批评时，要低下头，垂下眼睛，不可直视老师眼睛，但是在西方，则教育学生要直视老师眼睛。如果西方学生遇到中国老师，他们的行为会被认为是无礼、不服气。

（四）手势（gestures）

手势作为肢体语言，在日常生活之中运用得非常广泛，但是文化不同，同一种手势，在不同的文化中，其意义可能由正面的变为负面的，由幽默的、无害的变为冒犯的、无礼的，如果两种不同文化且不了解对方文化的人交流，很容易产生误解和冲突。比如“V”这一手势。“第二次世界大战”时，英国首相丘吉尔使用后迅速流传开。它通常所代表的意思是“胜利”（victory）。但是稍微变换一下，意义就完全不同，将“V”手势的手心朝内，在新西兰、澳大利亚以及英国等地多代表蔑视权威的意思。在20世纪五六十年代，“V”手势还出现了新的含义，代表“和平”（peace），它形成于美国民权运动时期。但对于中国人来说，“V”手势代表的是“胜利”。

（五）姿势（postures）

站、蹲、跪、坐、卧等都属于姿势，一个人的姿势和行为举止，可以透露出性格与素养，但是什么姿势是得体的，需要根据所处的文化环境决定。以日本为例，鞠躬礼是其特色，问候只是鞠躬礼的意义之一，同时还代表着社会等级、社会地位在其国家非常重要。在日本，地位低者要首先鞠躬，要低于对方，姿势越低、时间越长，表示越尊敬。但是文化不同，鞠躬所代表的意义也不同。文化背景不同，坐姿所代表的意义也不同。很多国家在交流时都是坐在椅子上，但是有一些国家则是坐在地上，如阿拉伯国家。而日本，不论是吃饭还是交谈都是在榻榻米上进行。在东亚国家，如日本、韩国，男性一般是盘腿坐，但是女性盘腿坐是非常不文雅的，她们必须跪坐。

中西方对学生在课堂中的站姿以及坐姿的要求不同，中国要求学生坐姿端正，背部挺直，体现了较强的纪律性。但是西方则不然，他们的学生在课堂上坐姿随意，老师对坐姿也没有过多要求，舒适为主，老师自身的姿势也很随意，甚至会坐在讲台上与学生互动。这种情况在中国课堂上一般不会出现，为人师表者，要给学生传达一种治学严谨的态度。[①]

（六）身体接触（touch）

在人际交往中，人们常常通过身体接触表达感情和交流信息，传达出对人际关系的看法，因此身体接触是一种重要的非语言交际方式。

因为肢体接触包含了很多个人情感，文化不同，身体接触所代表的意义也是不同，所以文化背景不同的人在交流时，比较容易出现误解与尴尬的场面。中国人在国外短暂生活时，见面时拥抱与亲吻脸颊是他们比较难接受的一件事情。

---

① 李莹．跨文化交际中的姿势用语［J］．西部皮革，2018，v.40，No.427（10）：132.

西方学者按照是否接触，将世界文化分为“接触文化”和“非接触文化”。如葡萄牙、西班牙、法国、意大利等国家的地中海文化，阿拉伯文化以及拉美文化都属于高接触文化，英、美、德以及北欧等国家文化属于中接触，中国在内的东亚、东南亚等国文化则属于低接触。泰国、柬埔寨、日本等国家见面只是鞠躬，并没有肢体接触。

全世界基本上每个国家见面都用握手表示打招呼，但是文化不同，握手的方式也有所不同。在西方，人们握手采用单手，握手使用力度较大，但是握一下便会松开。在中国，人们首先会用一只手握，随后会把另外一只手放上去，两只手一起握，持续时间稍长。西方人不太能适应中国这种握手方式。因为西方文化认为，握手立即松开即可，握住不放是不礼貌的，是礼仪禁忌。

在中国等东亚国家，在递名片、递礼物以及接收名片与礼物时，都会使用双手，在递东西给长辈或比自己地位高的人以及从他们手中接东西时，如果只用一只手，是非常没有礼貌与修养的行为。

研究表明，气候是接触文化与非接触文化形成的一个影响因素。气候温暖的地方，人们身体接触多一些，如地中海国家和阿拉伯国家。气候寒冷的地方，人们身体接触少一些，如英国、北欧各国。但俄罗斯则属于特殊情况，地处寒冷地带，但其国民的身体接触非常频繁，他们在各种场合中经常拥抱与亲吻。

身体接触方式与文化、场合以及交际对象等都有很大关系。中国属于低接触文化，在异性之间有很多身体接触的禁忌，但是同性之间却是高接触，女性走在一起，一般都是手挽手或者手牵手，而男性特别是在酒后，也是勾肩搭背，称兄道弟。但是如果这种现象发生在西方国家，他们（她们）则很有可能被认为是同性恋。所以，当不了解中国文化的西方人看到中国同性之间有身体接触时，有可能会产生误解。

拥抱与亲吻是很多阿拉伯国家的人见面打招呼的方式，但是在有一些阿拉伯国家，异性之间是没有任何身体接触的，包括握手。在美国，拥抱与亲吻一般不会发生在初次见面的陌生人之间，在熟悉的亲友之间才会拥抱和亲吻，陌生人一般只是握手。在地中海国家，男性一般不会行贴面礼，尤其是不熟悉的男性之间，绝不会行贴面礼。即使都行贴面礼，但是不同国家贴面次数也是有区别的，如法国人一般是两次或者四次，而比利时人与瑞士人则是三次。如果对其他国家的文化和身体接触的使用方法不了解，一不小心则会发生产生尴尬。所以，了解不同文化背景下，身体接触使用规则与要求，意义重大，避免产生误会与尴尬。

三、时间观念与文化

人们互相交往的工具是语言，而语言交际的另一方面是非语言交际，其中有一项是时间观念，在对时间控制和看法当中，能够很大程度地表现人们的价值观。在本书第三章可知，相对于文化而言，时间观念分为过去、现在和未来，但是以下所要讲的是生活中细微的时间观念，与讨论文化时的大局时间观念有所差别，属于从微观角度看时间，比如人们对准时、迟到和预约等看法。

（一）时间观念

珍惜时间可能是所有文化都具有的价值观。在英语中人们熟知“时间就是金钱”的比喻，在汉语中也有“一寸光阴一寸金”的说法，然而不同文化对时间的理解却不尽相同，反映了不同的文化模式和观念。

英语中常见的关于时间的表达有：

（1）Do you have time to spare?

（2）Thank you for giving me your time.

（3）The plane lost time due to the strong prevailing winds.

（4）How did you spend your free time?

（5）Don't waste my time making excuses.

（6）I need to put aside some time to catch up on my correspondence.

（7）Doctor，the patient is bleeding. We're running out of time.

（8）Our new food process or will save your hours of preparing time.

(9) She's investing a lot of time in her new job at the bank.

(10) The flat tire cost me an hour.

(11) You need to budget your time.

在西方文化中，时间可以作为一定数量，但它不是使用量词，是使用固定的动词词语，比如上面提到的英文中的单词，如“花费”(spend)、“赠与”(give)、“耗尽”(run out of)、“投资”(invest)、“丢失”(lose)、“节约”(save)等，这些词语都是用于衡量时间的量化，在现代社会实践是十分有价值的，人们甚至把时间比作金钱，把时间看得十分珍贵，这也是时间量化的另一种体现。

对于时间的利用与文化有关系，文化的不同决定了时间的利用方式也有不同。比如西方社会和中国社会对于时间的看待方式。中国社会常常把时间与树木、庄稼、江河等相联系，比如中国有一句谚语——日出而作，日落而息。中国古代社会，人们是根据时间而种植庄稼，这正是由中国传统的农耕社会文化所决定，而与之相反的是，西方社会是以工业生产为主体，是以机械的时间为基础，因此他们经常把时间与商品效率联系起来，这便是由西方工业化生产方式所决定。

（二）单时制文化与多时制文化

对于非正式的时间，人们的使用方法各有不同。以使用方式为基准，分为单时制文化和多时制文化。常用单时制文化的国家，比如北欧、西欧、北美等地区，还有澳大利亚、新西兰等，他们的时间是一根长长的线，代表了过去、现在与未来，把这三个时间的限制连接到一起，形成一根长长的时间线，这条线常常具有准时、预约和最后期限这三个维度，对时间的规划性较强。

对于非洲、西亚、南亚和拉美等地区的国家，时间常常是附属品，生活才是主要的内容。他们不会刻板地遵守时间，工作的时间也常常会被打断，会因为家人朋友的事情而改变自己的计划，同一时间也可以做许多种事情，这就是多时制文化。他们并不认为一定要从一而终地做一件事情，而忽略人际关系的交往，对于他们来说，时间和计划的可变性是很强的，他们更注重和谐的人际关系，更加看重生活的快乐与自由，对时间的掌控比较灵活。

可以总结出单时制文化和多时制文化的不同特点，见表 2-1。

表 2-1 单时制文化和多时制文化的不同[①]

单时制文化	多时制文化
一段时间做一件事	同时做几件事
专注工作	容易被打断或分心
严肃对待时间约定	日程经常被改变
低语境文化	高语境文化
注重任务的按时完成	注重人际关系
遵守计划	经常改变计划
注意尊重别人的隐私	关心关系亲近的人
较强的私有财产观念	经常互相借东西
习惯于短期的关系	倾向于建立长期甚至终生的关系

从以上各个国家遵守不同制度的时间看，高度发达的工业化国家，多遵守单时制时间模式，而一些现代化发展不太发达的国家和地区，多遵守多时制时间模式。现代化的工业社会，强调效率与准时，而农业化社会则顺应自然，这一区别从城市与农村的时间管理中也可以看得出来。与城市不同，农村多遵守多时制时间模式。

非洲和拉美等地区的国家，人与人之间的人际关系比较渗透与和谐，生活中强调人与人之间的交往，他们使用多为多时制的时间模式。相比较而言，西欧和北美等国家，个人独立意识比较浓厚，对于自身价值的实现有强烈追求，因此强调时间的规划和效率，多使用单时制的时间模式。由此可见，时间的使用模式与地区的文化和个人的价值观有关系。除此之外，中亚国家、南欧和东欧等地区，属于单时制与多时制相重合的文化。

然而，单时制与多时制并不能泛泛地由地区差异或者生产方式、文化而确认，它的区分也具有个体差异。比如整体使用单时制工作模式的国家中的人们，有些人可能只是在工作时使用单时制的时间模式，而在日常生活中，还有人际交往的时候，使用多时制时间模式。因此，

① 祖晓梅. 跨文化交际［M］. 北京：外语教学与研究出版社，2015.

它的划分并不是绝对的，它也会受到场合和环境等因素影响，只能说某一个群体更多地偏向于一种时间模式。然而，单时制与多时制并无好坏区分，在价值上也不能产生区别。专家指出，两种时间管理方式各有优缺点，单时制注重效率和计划，比较容易生产出社会生产力，而多时制更加自由、人性化。

（三）准时

对于准时的定义，也因地区和国家文化不同而产生差别，比如在美国、日本这样时间观念比较浓重的国家，不论是任何场合，只要迟到10分钟到15分钟以上，就会被认为是无礼，而需要给予郑重道歉，然而在拉美等国家，时间是比较灵活而且宽泛，迟到是普遍现象，即使迟到的时间是美国迟到底线时间的两倍或者以上也是可以被接受。

对时间安排和计划安排，还有能否按时到达约定现场是衡量准时的标准。对西方国家的人来说，约定时间的准时到达，并不是绝对的，在一些正式场合，比如上课、演讲或者是重要的约会，是一定需要准时到达。老师需要准时上课，准时给学生下课；演讲者则需要准时到达演讲现场进行讲演；开会以及重要的约会、音乐会、演出等，都需要准时到达。

在音乐会和演出这样的场合，如果迟到的话，会给观众带来一定困扰。但是，不同的场合也会衍生出不同的文化，与上面这些例子相反的是，到朋友家做客时，或者被邀请到某地参加聚会，这种情况下太过于准时，或者提前到达，则会给主人带来一定尴尬，因此应当比约定时间或者比主人到达时间晚15分钟到半个小时为好。在中国，被长辈或者是前辈邀请自己到家里聚会时，则不应当迟到，否则会看作是无礼的表现。因此，准时也要视情况而定。

对于准时概念，每个国家和地区的理解和做法也有所差别，因此这个概念对跨文化交际产生了一定障碍，容易在交往过程中产生误解。比如在非洲工作的北美人或者是欧洲人，在与非洲工作人员约定或者是与非洲人约会时，对方常常会迟到，这往往会惹怒一些外国人，认为对方不守礼节。然而到中国来的一些日本人，会认为中国人的时间观念并不是很准，总是会以马上到或者是一会儿就到为借口，然而却会让人等待很长时间，这便会被外国人理解为欺骗，所以时间观念的不同，导致处事方式不同，会带来误会。①

（四）计划性

单时制文化和多时制文化的主要区别在于计划性。单时制文化注重于计划，往往在做事之前已经把计划规划好，而且计划的中途几乎不会有改变，讲究计划完成的效率性，比如美国公司在上市一种新产品之前，会提前计划，把前期、中期、后期的所有计划全部安排好之后，才会进行上市。多时制的时间模式则不同，一般不会有中期或者是长期计划，因为尽管计划好，计划中途也会有变化，正如“计划不如变化快”，所以他们往往不确立长期计划，因为即使有计划，也有可能受到其他因素影响而改变。

最后期限是对任务最后完成的底线时间。最后期限在中国和西方国家的严格程度也是不同。在中国，最后期限并不明显，比如大学生要做论文作业之前，老师会给你一个交论文的时间，但是如果学生没有很好地在一定时间内完成论文，老师往往会给学生一定的宽限时间，对最后期限做了一定延迟，但是这种情况在美国不会发生，老师给学生规定的最后交论文的时间是板上钉钉的事情，不会改变。如果学生没有在最后期限之前交上论文，则会受到处罚，比如扣学分、取消成绩等，相比于中国，这样的惩罚则要严重。这是单时制和多时制对最后期限的严格程度。单时制是最后的结果，而多时制则看中和谐的过程、人际的友好。

四、空间利用与文化

空间利用也是非语言交际的重要内容。空间的利用方式体现了特定文化中人际关系的特点，反映了文化的差异。当空间利用方式不同的人们在一起交流的时候，如果不留意则很容易产生跨文化的误解甚至冲突。

---

① 王子晴．跨文化交际中汉语言交际语用失误的影响因素［J］．现代交际（学术版），2017（22）：89—89．

（一）个人空间

个人空间是一个人的隐私，因此，一个人的隐私观念决定了个人空间的大小。中西方人对个人隐私的观念也是有差别的。对于西方人，尤其是美国人，他们非常重视隐私，这是由国家文化使然，他们会对侵入个人空间的行为极度反感，从而采取过激反应。由于美国处于这样一个氛围当中，每一个人都对对方极其尊重，当感觉侵犯到对方的个人隐私时，会首先向对方道歉。当他们与陌生人同时处在一个陌生的狭小场合时，他们会高度警惕，站得笔直，表情严肃，以向对方表示自己不愿受侵犯的态度。

西方人的个人空间观念不仅体现在工作和正式场合，在生活当中也十分重要，客人不允许随便翻看主人家的东西，那是一种十分不礼貌的行为。孩子的日记也是受到保护的，是个人隐私的一种体现，家长不会随便翻阅，甚至客人在上厕所之前，也要询问主人的意见。

相比较而言，中国对个人空间的观念则不那么强烈。是由于中国人口众多，人口密度相对较大，集体主义观念比较浓厚。因此，这也是中国人常常与西方人产生冲突的一个原因。

（二）人体距离

人体距离也是空间利用的一个重要维度，具有跨文化的差异。在跨文化交际研究领域，人体距离受到文化的影响，也容易引起跨文化交际中的误解。

北美人的谈话距离可以分为四种情况：

（1）亲密距离（1.5 英尺以内，1 英尺约为 0.3 米）。表示亲密关系，适合家人、恋人和亲密朋友之间。在这种距离中，人们常常有身体的接触。

（2）私人距离（1.5～4 英尺）。表示友好关系，适合熟人或一般朋友之间的谈话。在这种距离中，人们用平常的音量说话，很少有身体上的接触。

（3）社会距离（4～12 英尺）。表示社交关系，适合商务或一般社会交往场合，是不熟悉的人之间的距离。

（4）公共距离（12 英尺以上）。表示疏远关系，适合讲课、演说、表演等公共场所的活动，或者与社会地位高的人见面等正式场合。

在美国，两个普通人在不是很正式的宴会时的聊天距离一般是个子比较高的人的手臂长度，这个长度不到1米。无论远近，都会有不同的结果，但是这个标准如果放在异性之间，则会显得过于亲密，很多时候甚至被人误会为是一种冒犯，在周围人眼中，两个人之间的关系也不一般，但是，拉美人会认为这是一种普通朋友之间的交际距离。因为拉美人之间一般为0.6～0.8米的距离，而亲近的人一般小于0.6米。

人们之间的交际距离远近，显示了不同的文化差异。一般来说，个体主义文化为主流的国家，人们的谈话距离比较远，他们对自己私人空间十分敏感。如果距离过近，会引起他们的不适应，会有一种私人空间被入侵的感觉，而距离较短的国家一般是集体主义比较严重的国家，这些国家的文化依靠集体力量，如家族等作为一种单位所存在。因此，交际距离比较近，更让这些国家的人有安全感。

（三）座位的排列

吃饭时的座位顺序，很多时候也代表着人们的人际关系。这是一种不能明说但等级森严的地位展现方式，即使是不同文化，规矩也不同，但是人们可以用座位顺序推断出人们的地位。美国人认为桌子两边的人地位最高，而中国则以中间为准。

人类文化中，价值观和价值的取向，影响人们座位顺序。中日等亚洲国家一般是聚在一起吃饭，即使是在一些单位，桌子也是相对的。在日韩一些公司，桌子是一张大桌子，这就是为了让员工之间相互配合，相互合作，这也体现了在东亚一些国家的集体主义思维，而美国等国家更强调个人能力，所以公司是一个又一个单间，这些单间把人们分开，看重各自能力。

在社交场合，宴会的座位是有严格要求的，可以说是在文化发展过程中逐渐形成的规矩，这些是深入人心的。在东亚，座位的顺序一般是按照长幼尊卑的顺序排列，最重要的人和最年长的人一般是坐在离门最远的地方，紧接向两边依次身份降低。在西方，则最重要的男女主人分别坐在桌子的两边，其他人坐在中间。

在一些非正式场合，对座位的要求虽然并不那么严格，但也有一定关系。在英美等国家，桌子的一个角的两边紧挨着两个人，往往是关系很亲密的，桌角也表现出一种足够的亲密关系，一般表示友好，而相对而坐则是一种暗中竞争的关系，至于并排而坐，则是夫妻或者情侣才可以坐的，对于陌生人，则一般会相对而坐，而在中国则没有这样的规矩，既可以熟人并排而坐表示亲密，也可以陌生人并排而坐表示友好。

教室的座位布局也反映了师生关系和不同的教学理念。当然，环境、人数等因素也会影响整体布局，在不同文化影响下，教室的座位排列方式，一般有以下三种情况：

（1）一字形排列。这是最常见也是最传统的教室布局。学生的座位都面向教师，教师站在前面讲课，中国许多教室的前方还有一个讲台。这样的教室座位样列一方面突出了以教师为中心的讲课模式，另一方面也强化了师道尊严的师生关系。这样的课堂布局便于教师传授知识，但是不利于学生之间和师生之间的互动，不太适合以培养技能为主的语言训练课堂。

（2）马蹄形排列。在课堂上老师站在或坐在前面，学生围坐在排成马蹄形的桌子旁。这种布局方便了师生之间和学生之间的交流和互动，也体现出教师与学生之间的比较平等的交流。这种教室布局方式在西方的课堂上使用较多，特别是在小班授课、语言训练课、研究生的研讨课等课堂比较常见。

（3）圆圈形排列。学生分成若干小组，围坐在不同的桌子旁。这种教室布局特别适合小组活动的开展。在这种环境中，教师的角色由知识的传授者变成了学习的组织者和辅导者，体现了以学生为中心、重视合作式学习方法的特点。西方的中小学课堂或者以交际法模式为主导的语言训练课堂多采用这样的排列方式。

第三章 跨文化交际能力的培养路径探索

尽量多地与目的语文化和目的语人士接触是提高学生跨文化交际能力的最佳途径。本章重点探析跨文化交际与第二语言教学，跨文化适应与对外汉语教学，跨文化关系、冲突经营与谈判，跨文化适应、认同与训练分析。

第一节 跨文化交际与第二语言教学探析

跨文化交际与第二语言教学的关系十分密切，第二语言教学是一种涉及跨文化交际的教学活动。第二语言教学与跨文化交际学最大的交叉点是培养跨文化交际能力，因为第二语言教学的目标就是培养语言学习者的跨文化交际能力。而第二语言教学中的文化教学与培养跨文化交际能力的关系尤为密切。因此，汉语教师不仅自身需要具备跨文化交际的能力，而且还需要具备培养学习者跨文化交际能力的教学能力。

一、第二语言文化教学的目标

20 世纪 70 年代，第二语言教学提出的教学目标是培养学习者的交际能力，而到了 21 世纪，第二语言教学提出的教学目标是培养学习者的跨文化交际能力。交际能力与跨文化交际能力的培养与语言教学中文化教学的关系十分密切，因此人们需要了解交际能力与跨文化交际能力的联系和区别，以及跨文化交际能力与第二语言教学中文化教学的关系。

（一）第二语言教学的目标

20 世纪 70 年代以来，培养交际能力一直是第二语言教学的主要目标。而在 21 世纪，培养跨文化交际能力又成为第二语言教学的主要目标。因此，了解交际能力和跨文化交际能力的内涵和相互关系十分有必要。

1. 交际能力

交际能力的概念在20世纪70年代被提出来的，这个概念认为在交际中仅仅具有语言能力是不够的，还要具有交际能力。也就是说，人的语言行为不仅要达到语法上的正确，还要达到语用上的得体。交际能力的概念被引入第二语言教学领域之后，许多学者从教学的角度具体阐述了交际能力的含义。

交际能力包括四个方面：①语法能力，了解如何正确使用词汇、句型和语法规则的能力；②社会语言能力，了解如何根据场合、时间和对象得体地使用语言的能力；③话语能力，了解如何解释更大的语境以及如何组织更长的句子并使之成为有机整体的能力；④策略能力，了解如何运用语言和非语言策略识别和弥补交际中出现的障碍的能力。

交际能力从此成为第二语言教学的主要培养目标，这一点也成为交际语言教学法的理论依据。交际能力这一培养目标的确立改变了以往第二语言教学过于重视语言形式和语言准确性的弊端，使语言教学更加重视语言的功能、语境和表达的得体性，特别是更加关注语言背后的文化规则，使文化教学成为语言教学的重要组成部分。

然而在21世纪以全球化和多元化为特征的第二语言教学环境中，培养交际能力这一教学目标受到了一些学者的质疑。一些西方学者对于交际能力的培养目标以母语者为参照标准这一点提出了批评。这些学者认为世界上没有标准的母语者，因此获得与标准的母语者相似的交际能力是一个不可行的目标；另外，一味强调以母语者为典范，就意味着外语学习者需要放弃自己的语言习惯，背离自己的文化身份，这也说明培养以母语者为典范的交际能力并不是一个理想的目标。我国学者也指出了交际能力的局限性："'交际能力论'注重的是交际语境的不同，解决的还只是同一文化中不同语境的交际行为的问题，并不能满足第二语言教学的需要，更不能满足跨文化交际环境的要求。"

2. 跨文化交际能力

20世纪90年代以后，西方的第二语言教育学学者提出了跨文化说话的概念，把培养跨文化交际能力当作第二语言教学的主要目标。跨文化交际能力是一种与不同文化的人有效交往的能力。跨文化交际能力涉及人们对于其他人的行为和价值观的看法，以及以非价值判断的态度与他人交往的技能。跨文化交际能力包括以下要素：①态度：具有好奇心和开放意识，悬置对自己文化的深信不疑和对其他文化的不信任；②知识：了解自己和对方所在的文化群体的习俗、产品以及社会交往的一般程序等方面的知识；③解释和关联的技能：指能够解释其他文化的文献和事件，并能够联系自己文化的文献进行解释的能力；④发现和交往的技能：指能够获得有关一种文化及其习俗的新知识的能力，以及在实际交往中运用态度和技能的能力；⑤批判性的文化意识：指对自己文化和其他文化的明确标准、视角、习惯和产品的批判性评价能力。①

由此可见，跨文化交际能力包括态度、知识、技能和文化意识四个部分，是一种涉及了情感、认知和行为的综合能力。在21世纪以全球化和多元化为特征的第二语言教学环境中，培养跨文化交际能力是更理想和更符合现实要求的教学目标。然而，跨文化交际能力这一培养目标与交际能力并不是对立的，而是互相补充的。跨文化交际能力既包括交际能力，又不局限于交际能力，而是获得了一种新的视野。这两种培养目标各有侧重、互相补充。如果说交际能力这一培养目标主要关注语言方面的能力，强调的是在特定文化语境中进行得体交际的技能，那么跨文化交际能力则是一种包括了态度、知识和技能的综合能力，强调的是对文化的深刻理解和对不同文化的积极态度。

（二）文化教学的目标

语言与文化密不可分，文化教学是第二语言教学的重要组成部分。美国明确了把文化理解纳入外语教学课程的要求，提出了外语教学的五个目标：交际（Communication）、文化（Cultures）、贯连（Connections）、比较（Comparisons）和社区（Communities），简称“5C目标”。这五个目标中的交际、文化和比较三项目标都直接或间接

---

① 祖晓梅．跨文化交际［M］．北京：外语教学与研究出版社，2015．

地涉及了文化问题，由此可见，文化在外语教学中有非常重要的地位。“美国标准”是这样描述文化教学的目标的：“学生不仅应该意识到文化产品、习惯和观念之间的关系，而且要通过自己文化与目的文化的比较来理解文化的概念，另外还要实际参与到国内和国外的多元文化社团中。”培养跨文化交际能力的教学目标分析为以下七个具体的目标：①使学生逐渐意识到人们的行为无不受到相关文化的影响；②使学生逐渐意识到人们的行为受到诸如年龄、性别、社会阶层和居住环境等因素的影响；③使学生进一步了解目的语文化的人们在通常情况下的行为；④增加学生对目的语中词语和词组的文化内涵的了解；⑤提高学生用实例对目的语文化进行评价和对目的语文化进行概括的能力；⑥学生掌握必要的查找及整理目的语文化信息的技巧；⑦激发学生对目的语文化的求知欲并鼓励学生与该文化的人们在感情上产生共鸣。

二、第二语言文化教学的内容

第二语言教学中的文化教学应该包括哪些内容历来是一个有争议的问题。主要原因是文化的内容丰富而复杂，另外也是因为第二语言教学中的文化教学具有特殊性。因此，在确定第二语言教学中文化教学的内容时，首先要考虑语言文化教学的总体目标和具体目标是什么，同时还要考虑第二语言教学环境对于文化教学的特殊要求和制约条件是什么。

（一）第二语言教学中的文化概念

1. 大文化与小文化

长期以来，第二语言教学界最流行的文化概念是“大写C字母文化”和“小写c字母文化”，也简称为“大文化”和“小文化”。《国际汉语教师标准》（2007）也采用了这一文化的划分方式，只是把前者称为广义的文化，后者称为狭义的文化。“大文化”包括地理、历史、文学、科学、艺术、政治制度、经济制度、教育制度、家庭制度等。而“小文化”包括风俗习惯、行为举止、思维方式、价值观念等。西方外语教学领域早在20世纪60年代就使用了“大文化”和“小文化”的概念，并提倡“小文化”应该成为第二语言教学中文化教学的主要内容。20世纪70年代开始兴起的交际语言教学法更强调了“小文化”与交际能力的密切关系。跨文化交际学者 Bennett 则认为“大文化”与“小文化”的另一种说法是客观文化和主观文化，并强调了学习主观文化与培养跨文化交际能力的关系。

2. 交际文化与知识文化

20世纪80年代提出了“知识文化”和“交际文化”的概念。知识文化指的是那种两个文化背景不同的人进行交际时，不直接影响信息准确传递的语言和非语言的文化因素。所谓交际文化是指那种两个文化背景不同的人进行交际时，直接影响信息准确传递（即引起偏差或误解）的语言和非语言的文化因素。后来交际文化的内涵扩大为隐含在语言系统中，反映一个民族的价值观念、是非标准、社会习俗、心理状态、思维方式等，跟语言理解和语言使用相关的一种特殊的文化因素。这些学者认为在汉语教学中，交际文化的重要性高于知识文化。虽然有的学者认为这种交际文化和知识文化的分类不够严谨，但是交际文化与知识文化的划分突出了语言教学中文化教学的特点和重点。

3. 文化产品、文化习惯、文化观念

这是“美国标准”中提出的文化分类。“美国标准”把外语教学中的文化划分为三部分：文化产品（Products）、文化习惯（Practices）和文化观念（Perspectives），简称为“3P文化”。这是外语教育中较新的文化概念。

（1）文化产品：包括书籍、工具、食品、法律、音乐、游戏等。

（2）文化习惯：包括节日风俗、服饰习俗、饮食习惯等。

（3）文化观念：包括态度、信仰、价值观等。

文化产品、文化习惯和文化观念之间存在着密切的关系，文化观念体现在文化产品和文化习惯中，文化产品和文化习惯反映了文化观念。外语学习者需要理解这三者之间的关系，其中，理解文化观念是如何体现在文化产品和文化习惯中的，是文化学习的核心内容。

（二）第二语言教学中文化教学的内容

“美国标准”中规定美国外语教学中的文化教学内容应该包括“一

个社会显性的和隐性的哲学视角、行为习惯和文化产品”，并强调目的语的正式文化和日常文化因素都应该体现在所有层次的外语课程设置中。从培养跨文化交际能力的目标出发，提出文化教学的七项内容：①文化语境中的交际；②价值观系统；③社会规范；④社会制度；⑤地理与环境；⑥历史；⑦文学与艺术。

在汉语教学界，学者们一直沿用“交际文化”和“知识文化”的划分，有的学者从教学的角度把汉语教学中的文化教学分为语言中文化因素的教学和语言知识的教学。为了体现汉语教学中文化教学的特点，突出培养跨文化交际能力，人们把汉语教学中文化教学的内容分为三类：语言中的文化因素、客观文化、主观文化。

1. 语言中的文化因素

语言中的文化因素分为语构文化、语义文化、语用文化。其中语义文化和语用文化是语言中文化因素教学的重点。不了解词汇的文化内涵会引起跨文化交际中信息传达的错误，不了解语言使用的规则会出现交际的障碍。对汉语学习者来说，学习汉语词汇和语用中的文化因素有利于提高汉语交际能力和跨文化交际能力。一般来说，语言中文化因素的教学是在语言技能课堂上进行的，最能体现语言教学与文化教学相结合的特点。语言中文化因素的教学应该包括以下几个方面：

（1）一般词汇的文化内涵和跨文化差异。如“个人主义、隐私、发福、龙、狗”等一般词汇的概念意义在很多语言中都是基本相同的，但是这些词的象征意义、联想意义和感情色彩却有文化的差异，容易引起跨文化交际中的误解。

（2）“文化词汇”的内涵。如汉语的“华表、端午、孝顺、中庸、四君子、缘分、红包、关系、面子”等。这部分词语往往具有特定的文化内涵，在其他语言中找不到能准确对应的词语或概念。这部分词汇是跨文化交际理解方面的难点。

（3）言语行为的实现方式。如问候、感谢、道歉、邀请、称赞、请求、拒绝等。这些内容既是语言功能教学的范畴，也是语用文化教学的内容。所不同的是功能教学关注的是说什么和怎么说的问题，而语用文化教学关注的是为什么这样说的问题。

（4）影响语用的语境因素。如性别、年龄、职业、场合等因素是如何影响语言使用的，亲疏关系与权力距离等文化因素是如何影响汉语中的礼貌表达的。

（5）语言使用规则背后的文化意义或原因。这是语言课堂中的文化教学常常忽视的内容。只有理解了语言使用规则背后的文化原因，才能准确把握语言及文化的特点，避免刻板印象。

2. 客观文化

客观文化一般也是知识文化和“大文化”的内容。这部分的文化内容主要包括地理、历史、文学、艺术、政治制度、经济制度、家庭制度、风俗习惯等。客观文化的特点是明晰且具有系统性，适合在语言教学中采用讲解或提示的方法或者开设专门的文化课程来处理。需要注意的是，客观文化的教学不是仅罗列文化的事实，而是要挖掘文化事实背后的文化意义或观念，这样才能使学生把握这种文化的本质特征和精髓。中国文化知识的教学应该包括以下这些方面：

（1）地理与环境。地理与环境主要包括中国的地理如地形、气候、河流等方面的特点，中国人对自然环境的利用和改造。主要关注中国的自然环境对于中国人生活方式和民族心理的影响，以及中国人对待自然的态度和价值观。

（2）人口与民族。人口与民族主要包括中国的人口结构和分布，不同地区和不同民族的人们的生活方式的特点，人口政策和民族政策。主要关注不同地区、不同民族生活方式和习俗的异同，中国的计划生育政策对社会经济发展和家庭生活方式的影响等。

（3）历史。历史主要包括中国历史上的重要事件、历史人物和文明成就。主要关注历史及传统对于当代社会和人们观念的影响，人们对待历史及传统的态度，人们对待历史人物的观念和态度。

（4）政治制度。政治制度主要包括中国的政治体制、公民的权利和义务、社会保障制度等。主要关注中国人对于国家的观念，政府运作的方式，社会保障制度中体现出的对公民权利与义务的观念等。

（5）经济制度。经济制度主要包括中国的经济体制，人们的经济活动、职业选择、消费行为等。主要关注改革开放对于中国人生活方式和观念的影响，人们进行经济活动和商业往来的特点，中国人对待金钱、职业、消费、工作等的观念和做法。

（6）家庭和婚姻。家庭和婚姻主要包括中国人的家庭结构、家庭关系、居住条件、择偶标准、婚姻观念等。主要关注中国人家庭成员之间的关系模式，以及对于家庭和亲情的观念。

（7）教育制度。教育制度主要包括中国人对于教育的态度和观念，教育的内容和方式，学生学习的方式，师生关系等。主要关注中国的教育方式和观念方面的特点。

（8）传统思想及宗教。传统思想及宗教主要包括儒家思想、道家思想、道教、佛教等。主要关注这些传统思想和宗教的核心观念，如仁、礼、孝、中庸、顺应自然、因果报应等对于中国当代人们行为方式和价值观念的影响。

（9）艺术。艺术主要包括中国的书法、绘画、建筑、戏剧等。主要关注这些艺术形式是如何体现中国人的审美观、自然观及思维方式的。

（10）文学。文学主要包括文学名著、文学典故、文学形象、著名作家等。主要关注文学作品和文学典故中反映的中国人的行为方式和价值观念，中国人对待人生、自然、人际关系的态度。特别关注已深入人们日常生活当中的文学形象具有的品格特征和体现的文化内涵。

（11）风俗习惯。风俗习惯主要包括中国人的饮食、居住、节日、服饰、婚礼、丧礼等方面的风俗习惯。主要关注中国人的风俗习惯所体现的民族心理和价值观念。

（12）休闲生活。休闲生活主要包括中国人在日常生活中的体育健身、娱乐游戏、旅游等方面的特点。主要关注这些休闲活动中体现的中国人的生活态度和审美情趣等方面的特点。

3. 主观文化

主观文化一般也是“小文化”的内容，包括价值观、信仰、思维方式、人际关系、社会交往、非语言行为、态度、交际风格等方面。

这部分文化内容比较抽象，常常是隐而不见、人们习而不察的。[①] 由于主观文化的内容与跨文化交际能力关系非常密切，所以应该成为第二语言教学中的文化教学的重点内容。主观文化的教学可以在高年级的语言课堂上作为文化话题进行讨论，也可以开设专门的跨文化交际课程。主观文化的教学应该突出与语言交际相结合、与跨文化交际相结合的特点。主观文化的教学应包括以下这些方面。

（1）世界观。世界观指的是中国人对待生命、自然、社会、历史等的观念和态度。比较不同文化的人们在世界观方面的异同。

（2）价值观。价值观指的是中国人的核心价值观，如集体主义观念、重视家庭的观念、和谐的观念、面子观念、礼尚往来的观念、谦虚的观念等。比较集体主义文化和个体主义文化在价值观方面的异同。

（3）思想和宗教信仰。思想和宗教信仰指的是中国的儒家、道家和佛教的内涵、特点及其对中国人信仰和价值观形成的深远影响。比较世界上不同的思想和宗教信仰对文化的不同影响。

（4）思维方式。思维方式指的是中国人思维方式的特点，如综合性思维、形象性思维、直觉性思维。比较中国人的思维方式与其他文化的人们思维方式的异同。

（5）人际关系。人际关系指的是中国人如何看待和处理家庭关系、朋友关系、人情关系、上下级关系、与陌生人的关系等。比较不同文化中人际关系的特点。

（6）社会交往。社会交往指的是中国人社会交往的礼仪和禁忌等，例如如何寒暄、如何招待客人、如何送礼物、宴会礼仪等。比较不同文化的人们在社会交往习俗方面的异同。

（7）非语言行为。非语言行为指的是中国人在面部表情、眼神交流、身体接触、手势等肢体行为方面的特点和规则，中国人在时间观念和空间利用方面的特点。比较中国人在非语言交际行为方面与其他文化的人的异同。

（8）态度。态度指的是中国人对待自己文化和其他文化的态度，

① 李庆本．中外文化比较与跨文化交际［M］．北京：北京语言大学出版社，2014．

其他文化的人对于中国人和中国文化的看法。理解刻板印象、偏见、种族中心主义对于跨文化交际的影响。

(9) 交际风格。交际风格指的是中国人交际风格的特点，比如间接的交际风格、含蓄谦虚的风格、使用面子协商策略等。比较高语境文化与低语境文化在交际风格方面的不同特点。

三、第二语言文化教学的原则

第二语言教学中的文化教学以培养学生的跨文化交际能力为主要目标，以语言中的文化因素、文化产品、文化习惯和文化观念为主要内容，以体验型学习为主要教学模式，而且文化教学是在语言教学中实施的，因此文化教学的模式应该体现以下这些原则。

(一) 以学生为中心、教师为主导

传统的文化教学大多是以教师为中心的，教师传授文化知识，学生只是被动地接受知识。以培养跨文化交际能力为目标的文化教学应该从以教师为中心转变为以学生为中心，把文化教学从教文化变成学文化。

在文化教学中以学生为中心主要体现在两个方面。一是文化学习的内容考虑学生的需要、兴趣和知识背景。因此在开学时要对学生做需求调查，调查他们喜欢的文化话题和教学活动是什么，他们对于文化教学的期待和要求是什么。需求调查也要考虑学生的生活经历和知识背景，在此基础上有针对性地选择文化教学的内容，这样才能激发学生学习文化的内在动机，并增强他们对文化的理解力。二是让学生最大限度地参与到学习过程中，让学生成为文化学习的主体。在学习过程中培养学生的文化理解力和跨文化交际的能力，把教师“讲”文化变成学生“做”文化，如讨论、演讲、案例分析、小组任务、角色扮演、观察与采访等都是适合学生“做”文化的活动。

但是以学生为中心并不意味着教师不起重要作用。只是教师从文化知识传播者的单一角色转变为多种角色。在文化学习的过程中，教师扮演的角色有：文化教学的设计者、文化知识的咨询者、探讨文化意义的引导者、文化行为的训练者、文化态度转变的促进者、跨文化

交际的中介者等。

（二）认知学习与体验学习相结合

传统的文化教学主要采用讲授—阅读—讨论的教学模式，这种以认知为本的文化教学模式有利于增加学生的文化知识，但对于培养学生的跨文化交际能力不能发挥太大作用。因为跨文化交际能力是包括知识、行为和态度的综合能力，所以众多学者都倡导体验型学习或以过程为本的教学模式。这种体验型文化学习模式以四个环节的学习循环模型为理论基础，即文化体验、文化观察、文化概括、文化实践四个环节。一些研究也证明，语言课堂上采用体验型学习模式进行文化教学确实促进了学生文化意识和跨文化意识的提高。自我评估、问卷调查、角色扮演、小组活动、案例分析、跨文化比较与互动等都是体验型文化学习的活动。

有效而成功的跨文化交际培训需要融合认知和体验两种模式。一般来说，认知学习的方法更适合客观文化内容的教学，而体验型学习的方法更适合主观文化和语言中文化因素的学习。但是即使在客观文化的教学中，学生参与讨论和互动也是必要的环节（表 3－1）。

表 3－1 认知学习与体验学习的比较①

认知学习的方法	体验学习的方法
文化作为知识	文化作为行为和意义
教学方式以教师为中心	教学方式以学生为中心
注重文化教学的内容和结果	注重文化教学的过程
以“讲”文化为主	以“做”文化为主
演绎的方法	归纳的方法
增加学生的文化知识	培养学生的能力
讲授—阅读—讨论、文化注释、文化提示等	角色扮演、案例分析、小组活动、实地考察等

（三）文化教学与语言教学相结合

第二语言教学中文化教学的最大特点是文化教学与语言教学密不

① 祖晓梅．跨文化交际［M］．北京：外语教学与研究出版社，2015．

可分。但是如何达到语言教学和文化教学的有机结合一直是一个难题。传统的语言教学中出现过两种完全相反的倾向：一种情况是语言课堂以讲解语音、词汇、语法知识为主，以训练听说读写的语言技能为中心，忽视文化的教学；另一种情况是在语言技能课堂上讲解很多文化知识，而这些文化知识与所要学的语言结构和功能完全脱离。

语言教学与文化教学相结合可以通过两种途径来实现。第一种途径是把文化因素当作语言教学的内容，比如词汇含义、成语典故、语用规则等既是语言教学的内容，也是文化教学的内容，因此在讲解语言知识的同时需要挖掘语言中包含的文化因素。第二种途径是把文化作为话题来讨论，比如旅游、饮食、家庭、教育、就业等都可以是语言课堂的话题，在学习和讨论这些文化主题的过程中可以训练学生的听说读写能力，培养他们描述文化现象、概括文化特点、评价文化观念、比较文化差异的语言运用能力。

特别强调汉语教学中结构、功能、文化的结合。对于如何实现语言教学和文化教学的融合，任务是结构、功能、文化相结合的最好结合点。因为任务教学法的最大特点是首先关注意义，同时强调意义和语言形式的结合，而文化是最有意义的话题，所以任务型教学可以实现用特定的语言形式来实施文化行为或者探讨文化意义的目的。

（四）文化的显性因素与隐性因素相结合

文化教学的内容有些是显性的，如文化产品、文化制度、文化行为等，有些是隐性的，如价值观、思维方式、交际风格等。传统的文化教学往往只关注文化的显性部分，而忽视了文化的隐性因素。事实上，隐性的文化因素如价值观、行为规范等恰恰与跨文化交际能力的关系最为密切。跨文化交际中的大部分误解来源于主观文化的层面。另外，文化的显性因素和隐性因素往往是互相联系的。可见的文化产品和习俗反映了隐性的文化观念，而隐性的文化观念体现在可见的文化产品和习俗中。只有了解了一种文化的产品、习俗和观念的相互关系，才能把握这种文化的本质特点。

如果在文化教学中只讲解文化现象，只介绍可见的文化行为和习俗，而缺少对于背后的文化原因的分析，学生很容易形成刻板印象，甚至会产生“这种文化很奇怪”的想法。因此在文化教学中，人们应该把文化产品、文化行为习惯、文化观念的教学结合起来。例如，为了使学生理解中国的“茶馆文化”，人们可以从文化产品、文化行为和文化观念三个层次来处理其中的文化因素：①文化产品：大茶壶、八仙桌、戏台等；②文化行为：喝茶，大声聊天，一边看戏一边聊天；③文化观念：重视人际关系的和谐，悠闲的生活方式，知足常乐的人生态度。

（五）课堂教学与课外文化实践相结合

学习外语与外国文化最好的途径是沉浸在那种文化环境中“习得”语言和文化。在外语教学中借鉴人类学的“田野工作”（field work），即让学生在目的语文化中进行观察、参与和交流。在中国学习汉语恰好为留学生提供了体验中国文化的有利条件。文化实践主要有以下两方面优点：一是能提供真实的文化体验，让学生切实感受到中国文化的多样性和动态性，并从文化的内部来理解中国文化的特征；二是能提供用汉语进行实际交往的机会，使文化实践既包括文化学习也包括语言学习，同时培养了学生的文化学习能力和汉语交际能力。

但是文化学习如果仅有体验和参与而没有思考和概括，就会流于肤浅、零碎并缺乏系统性。因此课堂外的文化实践还需要与课堂上的学习结合起来，只有这样才完成了体验型学习的四个阶段的循环，才能真正提高跨文化交际的综合能力。

（六）文化教学内容与学生的语言水平相适应

第二语言的文化教学影响因素有很多，其中学生的语言水平高低，是影响教学成果的主要因素，所以要求在进行第二语言文化教学过程中，根据学生的不同语言水平进行教材的选择与制定，这样才能更好地完成教学成果。

在文化教学认知中，文化教学的教学内容应当遵循一定原则，即具备从简单到复杂，进而由具体到抽象，只有这样进行循环往复的训练，才能真正做好文化教学工作。

文化教学的教学内容应当与学生的语言表达能力相协调，特别是在进行汉语言学习的初级阶段，学生往往在这个阶段所掌握的语言技巧以及语言能力比较低，各方面表达方式不够健全，根据这种情况，应该适当选择与日常生活息息相关的内容进行教学和引导；到了语言学习的中级阶段，学生的语言技巧有了一定提升，并且语言表达能力以及语言表达方式有了一定提高。这个阶段可以适当增加对客观文化知识的传播和学习，比如我们经常接触到的京剧、书法以及文化故事等，学生在中级阶段学习这些文化内容相对比较容易理解和学习；在学生进行语言学习的高级阶段，学生的语言能力以及语言技巧又到了一定程度，伴随着能力的提升，文化教学内容也应当做适当调整，比如增加抽象文化教学内容等。虽然不同学习阶段有着不同的学习内容，但是文化的种类、文化主题丰富多彩，所以要根据学生的语言能力进行不断调整和总结。

文化教学的方法也应该与学习者的汉语水平相适应。教学活动要从具体简单逐步过渡到复杂多样，语言表达要体现从单句到复句再到成段成篇表达的变化：①初级阶段：使用图片、实物展示、提问、角色扮演等简单易行的方法，让学生用简单的句式和常用词语实施文化行为；②中级阶段：采用文化知识提示、情景模拟、对话分析、文化比较等方法，让学生用比较长的复句来叙述文化现象；③高级阶段：使用案例分析、文学阅读、问卷调查、小组课题调研并演讲展示等方法，让学生用更复杂的成段表达来讨论复杂的文化话题。

（七）教学过程中挑战与支持相结合

跨文化交际能力的学习应该在学习内容与学习过程之间达到挑战性与支持性的平衡。如果学习内容和学习过程都太有挑战性，学生就会产生抵触心理，学无所获。而如果内容和过程都太简单，学生便会产生无聊的感觉。因此，如果内容复杂而抽象，学习过程和方法就应该相对简单，如果内容相对简单易懂，学习过程或方法就需要具有挑战性，只有达到挑战与支持的平衡才能使学生学到知识并发展技能。[①]

挑战与支持平衡的原则可以指导人们根据教学内容选择恰当的教学活动和方法。价值观、思维方式等主观文化的内容比较抽象，学习

---

① 易红．跨文化交际视角下提升第二语言教学质量——评《跨文化交际与第二语言教学》[J]．中国教育学刊，2017（10）：118．

的过程或教学方法就应该相对简单，比如可以通过谚语、格言来了解一种文化的价值观。非语言交际行为和社会交往习俗的内容比较具体易懂，那么就应该设计比较复杂且较有挑战性的活动，比如采用角色扮演、情景模拟的方法来学习。

四、第二语言文化教学的方法

第二语言文化的教学方法多种多样，其中根据文化教学特点，可以分为教师讲授、影像教学、讨论教学等，这些教学方法都是根据文化教学的教学目标以及教学模式所制定和调整。体验性学习模式的出现，是根据跨文化交际能力教学的特点建立，采用角色扮演、小组任务、采访与观察、案例分析、跨文化互动等方法。这些文化教学的方法既是跨文化交际能力培训的常用方法，也是语言课堂上进行文化教学的有效方法。下面将举例说明在语言课堂上进行文化教学的一些常用方法。

（一）提问

提问是文化教学的基本方法之一。文化教学可以简单概括为提问关于在特定文化中谁在什么地点、什么时间做什么、如何做、为什么做的问题。采用提问的方法进行文化教学的优点：①体现了以学生为中心的原则，提高了学生的参与度；②可以培养学生自己探索和发现文化特点的能力；③把文化学习与语言表达训练结合起来；④简单易行，容易操作，适合各种课堂和内容的教学。文化教学中的提问应该涉及文化的产品、习俗、观念和跨文化差异。

（二）词语联想

词语联想是词汇文化教学的一种方法。词语不仅具有概念意义，还具有内涵意义，而词语联想的方法可以让学生看到词汇内涵意义在不同文化中的差别。词语联想这一方法的优点：①可以让学生了解到词语的文化内涵，并了解词语内涵意义的文化差异；②加深对于词语的理解和记忆，扩大词汇量。

词语联想的教学步骤是：①把具有丰富文化内涵或者文化差异较大的词语写在黑板上；②让学生尽量多地想出跟这个词语相关的词语；

③教师解释该词语在汉语中的内涵意义是什么，包括褒贬色彩、象征意义及常用搭配等；④把中国人会联想到的词语与学生们联想的词语做比较，使学生了解该词语含义的文化差异。以“早餐”和“孝顺”两个词为例，不同文化的学生可能联想到以下这些词语，借此可以了解这两个词语在汉语中的特定文化内涵。

（三）角色扮演

角色扮演是语用文化教学的重要方法，也是课堂交际活动的常见形式。使用角色扮演方法来学习文化的优点：①便于学生理解语言使用与语境之间的关系，提高言语行为的得体性；②帮助学生理解语言使用规则与文化的密切关系，理解语言使用背后的文化含义；③提高学生在真实环境中的交际能力；④体现了语言形式、功能和文化的有机结合。

汉语教学中角色扮演的活动可以包括以下的教学步骤：①学习相关的语言表达方式；②教师提供语言使用的具体情境；③学生分组表演，实施言语行为；④各组在全班表演，教师指出在中国文化环境中哪些是得体、礼貌的行为；⑤师生讨论在不同文化中类似情景是如何表现的。

（四）文化比较

第二语言教学是跨文化的教学，课堂提供了进行文化比较和跨文化互动的机会和平台。文化比较的方法在语言文化学习中占有中心的地位。文化比较作为文化教学的方法或活动，有以下的优点：①通过比较可以加深学生对于不同语言和文化特征的理解；②可以提高学生的跨文化意识和文化敏感度；③可以培养学生对于不同文化行为和观念的宽容态度；④可以增强学生对语言和文化学习的动机和兴趣。文化比较是大多数外国留学生都比较喜欢的课堂活动。

文化比较的内容范围很广，可以是词语含义的比较、语用表达和规则的比较，也可以是文化习俗和观念的比较。而且文化比较的范围不局限于目的语文化与学生自己文化的比较，也可以是学生之间不同文化的比较。让来自不同文化背景的学习者表达自己的看法或者叙述自己国家的习俗，都是在进行跨文化的对话和交流。教师的任务是为他们提供表达自己看法的机会，提供跨文化互动和交流的平台。

文化比较往往是其他文化教学活动的一部分，比如在角色扮演、小组任务、案例分析等活动之后都可以进行跨文化的比较。

（五）小组任务

小组任务是语言课堂的交际活动之一，也是任务教学法的主要方式。在文化教学中使用小组任务的形式的优点：①活动以意义为中心，具有真实交际的特点；②话题的讨论与语言形式的使用相结合，体现了语言教学与文化教学的融合；③提高了学生使用语言进行互动和协商的频率和质量；④小组活动可以降低学生的焦虑情绪，增强学生学习语言和文化的动机和兴趣。

小组任务形式多样，包括采访、交流看法、解决问题、问卷调查、辩论等。影响小组任务能否成功完成的因素主要有两点：一是教师需要制作供学生使用的任务单，把任务具体化；二是要列出学生完成任务所需要使用的词语和表达方式。

（六）观察与采访

观察与采访是人类学提倡的文化学习方法。对于在目的语环境中学习语言文化的学生来说，观察与采访是对学习很有帮助的文化活动。观察与采访的优点是：①所获得的文化信息比较真实可信，可以帮助学生从局内人的角度来把握目的语文化的特点；②为学生提供了与当地人交往的机会，可以让学生锻炼用目的语进行真实交际的能力；③有助于培养学生对不同文化的积极态度，避免过度概括和刻板印象；④训练学生听说读写的综合能力，是文化教学与语言教学的结合。

观察与采访的内容很广泛，可以包括观察和采访目的语文化的人们在家庭婚姻、交友、消费、高考、就业、留学、环境保护、衣食住行等方面的行为和观念。需要注意的是，课外的观察与采访需要与课堂的讨论和概括结合起来。

观察与采访这一学习方法的主要环节包括：①教师在课上布置观察与采访的具体任务和要求，任务单要具有可操作性；②学生在观察、采访中记笔记或者录音，并做文字整理；③学生在课堂上汇报和交流观察与采访的情况；④全班对观察、采访的结果进行概括和比较，找出目的语文化的一些特点。

第二节　跨文化适应与对外汉语教学分析

跨文化适应包括文化休克和文化适应。文化休克和文化适应对于许多人来说，还是陌生的，至于文化适应与第二语言教学之间的关系，似乎更是鲜为人知了。然而，第二语言教学，特别是在目的语国家进行的外语教学，离不开对文化休克与文化适应问题的处理。

一、文化适应

（一）文化适应的过程

文化适应需要通过一个艰难的克服文化休克，逐步在语言、生活、交际和思维等方面由本文化转向目的文化的过程，文化适应过程也是价值观念和文化身份调整或改变的过程。文化适应成果的大小、时间的快慢，不仅取决于两种文化之间差异的大小，更重要的是本人的态度和适应能力。

文化适应过程是分阶段的。西方学者从不同的角度进行了富有成效的研究，相关论述甚丰。有的将这一过程分为三个阶段，有的分为四个阶段，也有分为五个阶段。划分阶段的依据和角度也不尽相同。[①]

（二）来华外国留学生经历的是短期文化适应过程

来华外国留学生或者短期工作人员接触到的是短期文化学习，目的是为了让来华的外国朋友能够适应本土基本生活习惯以及文化内容，并且通过短期的文化适应，帮助他们完成来华学习以及工作目的。这种短期文化适应教学，也被称之为工具性教学内容。

短期文化适应包含对暂居国的基本文化熟悉以及本国国民对外国朋友的民族习惯有一定了解。这种短期文化适应学习的主要目的，是为了更好地完成双方的学习以及工作目的，并且在短期文化交流方面加深与外国友人的沟通与理解，从而更好地保证任务的完成。短期文

---

① 贺黎．外语专业跨文化交际能力培养路径研究［J］．黑龙江教育学院学报，2013，32（3）：173－175．

化适应不同于文化教学，不必大规模地进行教学，只是简单地将基本文化传递即可。因为短期文化适应教学的主要目的，是为了克服文化休克。

二、文化适应与第二语言教学之间的关系

第二语言教学在此指在外语国家的外语教学，国内对外汉语教学就属这一类型。这种教学最为根本的特点是，学生的第二语言习得过程永远与文化适应过程相伴。所以，要清楚认识第二语言教学的性质和特点，就需要深入研究和清楚了解第二语言习得过程与文化适应过程之间的同步发展关系（synchronized development），探索出行之有效的第二语言教学途径。

（一）文化休克

进行第二语言学习所面临的最主要问题，就是文化休克。所以，文化休克也是第二语言教学中所要克服的最主要方面。语言作为文化载体，其本身具有传播以及传递交流的属性，同时，人们处在第二文化环境中必须要依靠第二语言进行交流、生活以及学习和工作，这是一个人进入陌生的第二文化环境中，首先要考虑的问题。

文化休克在第二语言学习者的学习过程中，起到关键的影响作用。受到文化休克影响，会增加学习者对于第二语言的学习难度，同时，第二语言的学习进度放缓，也会拉伸文化休克带来的影响。

综上所述，文化休克是影响第二语言文化学习的主要因素，所以要求第二语言教师要着重帮助学生进行文化休克的克服。

（二）文化适应过程与第二语言习得过程之间的同步发展关系

第二语言教学成果以及教学质量，主要取决于文化适应的发展程度，这也是二者之间密不可分的关系。文化适应引用的是 Brown、Acton 和 Felix 的应用概念，即在不放弃母语身份的前提下，逐步适应第二语言文化，也就是我们前文所说的短期文化适应。

“文化休克”这一概念最先出现在第二语言文化教学中，而文化适应也是根据文化休克引申而来。伴随着第二文化教学需要，一些西方学者最先从文化教学中提炼出文化适应概念。但值得注意的是，其中

一些外国学者在讨论第二语言学习时的出发点，仅仅是文化适应，在其中一部分学者曾经从第二语言学习中进行文化适应的讨论和研究。国外学者在进行第二文化以及第二语言的学习过程中，总结和提炼出很多理论以及所必须经历的教学阶段。比如语言学习与文化适应阶段、认知的改变阶段以及情感变化和文化适应阶段等。

1. 第二语言习得的心理适应过程

通过总结了有关在第二文化中学习第二语言的一些理论，从语言习得与对第二文化的心理适应过程之间关系的角度将文化适应过程分为四个阶段：

(1) 旅游者心理阶段（Tourist）。初到第二文化环境的第二语言学习者对新的文化感到几乎一点也不能接受，这一阶段在一定程度上涉及文化休克问题，所讲的语言只能算是词语拼凑，学习者基本上还是按母语的思维表达意思。

(2) 生存需求阶段（Survivor）。这一阶段所学的是急用语言和适用的文化知识。只有通过了这一阶段，才能学到优雅的语言能力，然而许多人难以通过这一关，只能停留在第二阶段，学到的只是“洋泾浜”式的语言。

(3) 移民心理阶段（Immigrant）。有文化的人通过较长时间的国外工作和生活渴望达到这一阶段，不过绝大多数人难以越过这一阶段。

(4) 公民心理阶段（Citizen）。到这一阶段就可达到第二文化的公民的语言水平，只会偶尔遇到一些语言和文化上的细微困难，其发音和体态语可望近似于侨居地本土居民。

后两个阶段已经超出了短期文化适应的要求，达到移民和当地公民的水平不是短期适应可以奢望的目标。

2. 第二语言习得的认知变化过程

从语言技能提高过程的角度将文化适应过程分为与关于阶段划分类似的五个水平：

(1) 初级阶段。新的语言学习者基本上完全依靠环境的提示；使用的是第一语言的词语与表达方法。

(2) 提高阶段。第二语言学习者能听懂日常对话并且可以按语法规则组织语言，但一般只限于实用性交流。

(3) 合格的交际者。到达这一阶段的学习者已学会基本语法和对话，可以运用新的语言思维，很少出现大的语言错误。

(4) 语言运用熟练阶段。到达这一阶段的学习者尽管还要依赖语法规则，但已有较好的语感，能够根据具体需求有效地选用不同的语言表达方式，已经学会遣词造句了。

(5) 专业水平阶段。语言已经达到专业水平，能够运用第二语言撰写诗歌。

阶段中第一、第二阶段基本上是依赖母语交际，运用母语思维方式组织第二语言词语或者干脆是母语的硬译。通过一段时间实践，第二语言学习者思维方式逐步转为第二语言方式。从第二阶段向第三阶段过渡时中间存在着一个“文化适应门槛”(acculturation threshold)。新来者跨越了“文化适应门槛”，语言就会有一个质的飞跃，开始摆脱母语束缚和负迁移，逐步学习地道的第二语言。

3. 第二语言习得者的感情态度转变过程

第二语言的情感态度，在第二语言学习中被逐渐重视和被引导，其中关于第二语言的感情态度，主要包含对语言文化的理解和认同以及对语言文字的学习态度。在进行第二语言学习过程中，要求学习者主动自发与目的语文化的人进行交流和沟通，增加自己的语言学习能力。这种自发的与目的语文化的人进行沟通的情感态度，在学术层面被称之为结合意愿，即学习者具备向目的语人群学习的积极态度。同时，还有一部分学者认为第二语言学习者要具备一定对语言文化的吸收能力，要学会在第二语言文化中吸收和吸纳不同知识，帮助自己进行语言学习。一些西方学者认为不能把语言当成沟通工具进行学习，只有全面理解和接纳第二语言的语言文化，才能真正步入语言文化学习的更高阶段。

4. 第二语言习得与个性、角色的变化

第二语言学习者的个人态度以及思想感情，被称为语言学习的个性。在西方学者的认知领域中，人的一些特殊个性会影响其对第二语言的学习，比如焦虑、冒险、外向，以及自尊和来自外界的压力等，往往这些个性行为以及生活习惯会直接影响他们的学习动机和学习决策。

在进行第二语言身份的培养方面，称之为角色变化。在心理学范畴中，第二语言学习经过了不同的模式讨论，即Guiora模式、Cope模式、Lozanov模式和Curran模式。

以上四种模式是在强调文化适应对于第二语言学习的重要性。比如在Guiora模式中，他提出语言自我感的概念，即人们在进行第二语言学习过程中，会根据自身的个性特点以及行为习惯，找出第二语言和母语之间的联系和关系，从而进行学习。同时，一个人的自我感形成的主要来源是母语，人们从母语的沟通和生活学习中不断形成自身的情感表达方式和语言表达方式。特别是在第二语言的发音部分，通常学习者很容易受到母语发音的影响，这里是Guiora认为的自我感在起作用。

Guiora认为学习者在进行第二语言学习时，要具备第二人格，即抛开自我感而重新建立针对第二语言文化的人格特点。Guiora认为想要建立第二人格特点必须要经历四个阶段，即旅游心态阶段（Tourist）、生存需求阶段（Survivor）、移民阶段（Immigrant）和第二文化公民阶段（Citizen）。在旅游心态以及生存需求阶段，学习者主要依靠母语的语言习惯进行交流和学习，但是如果学习者到了移民阶段和第二文化公民阶段，则会充分掌握第二语言，这意味着学习者已经初步具备了第二语言文化的身份，其中文化适应处在第二阶段和第三阶段之间，文化适应起到了一定过渡作用。

经过多年研究和讨论，不同语言学者之间有着不同的研究结果，但是纵观所有研究成果，他们之间还是有着相似点。首先，文化休克是影响学习者对第二语言文化学习的主要干扰因素，要更好地进行第二语言学习，需要努力克服文化休克带来的困扰；其次，面对文化休克要经历不同的过渡阶段，其中要克服母语带来的阻碍，并且根据目的语的文化特点进行归类和总结，以便更好地进行文化适应，这是一个第二语言学习所必经的阶段；再次，文化适应阶段需要克服母语文化的困扰，多年的母语沟通使学习者具备了母语的文化特点和语言习惯，对此，学习者必须努力克服母语的语言习惯，进行第二语言的学习；最后，所有学者的研究共同点是文化适应程度的高低，是决定第二语言学习成果的最主要条件，同时，第二语言的学习态度也是影响学习的重要因素。

（三）第二语言习得的文化“关键期”

人们需要认真研究在第二文化中学习第二语言的“文化关键期”，一要认真研究相关的理论，包括语言自我感（language ego）、第二语言学习的语境（context of second Language Learning）、社会距离和感知社会距离（social distance and perceived social distance）以及在这些理论的基础上提出的“文化失落感”(anomie) 和文化“关键期”（a cultural “critical period”）理论；二要认真进行调查研究，提出符合实际的理论。下面重点评介西方一些相关理论。

1. 关于第二语言学习与语境

(1) 关于第二语言学习语境。第二语言学习的语境包括：①在第二文化中学习第二语言；②在本文化中学习第二语言以满足在本文化环境中某些职业领域的需要，如教育部门、政府部门、商业场合的应用。在印度、菲律宾等国这是某些职业人士的必须要求，但人们学到的是一种混合语（linguafranca，即母语与外语的结合，句子结构和词汇简单）；③外语学习环境，即在本文化中学习外语。人们在此讨论的是第一种情况，即外国人到中国来学习汉语的环境。这种学习环境使第二语言学习者遇到严重的文化适应问题。学习者必须完全依靠所学得的第二语言进行交际，同时还必须学会在一种陌生而又怪异的文化环境中求得生存。

(2) 关于第二语言学习环境与社会距离之间的关系。社会距离是第二语言学习中必须研究的问题。社会距离（social distance）指的是两种文化在一个人身上接触时所产生的认知和感情的距离感。两种文化之间差别越大，社会距离就越大，学习的困难也就越大。由于存在这种社会距离，第二语言学习者会遇到不同的学习环境，这些学习环境都可分为对学习有利和不利两种。有利的环境包括：①第二语言学习群体受到第二文化的影响比反影响大时；②第二语言学习者与第二文化人士都有同化的要求或至少第二语言学习者有适应新文化的愿望时；③第二语言学习者与第二文化的人都不大在意文化时；④第二语言学习群体小而且群体意识不太强时；⑤两种文化的人相互都持积极态度时；⑥第二语言学习者具有在第二文化中长期居留的愿望时。

对在第二文化中学习第二语言的不利环境，第一类不利环境包括：①第二文化的人和第二语言学习者都认为第二语言学习群体居主导地位；②两个文化群体的人都有维持第二语言学习群体与第二文化社会严格隔离的愿望；③第二语言学习群体庞大而又结合紧密；④两种文化之间不能融合一致；⑤两种文化群体都对对方持负面态度；⑥第二语言学习群体不愿长期居留在第二文化之中。第二类不利的环境是第二语言学习群体认为本群体被两种文化都置于从属地位。

（3）关于第二语言学习与感知社会距离。人类所特有的人格以及世界观，会影响人们对于文化环境的判断和理解。人们习惯用过滤和折射的方式，对文化环境进行适应以及理解，之后再付出自己的行动。在阿克顿理论中，第二语言的学习者在面对新文化时，会自然而然地同母语文化进行比较和对比，从而找出两者之间的关系。通过阿克顿理论，人们认为母语的文化影响对于第二语言的学习影响非常大，对此我国学者对阿克顿理论有一定认同感，我国学者张占一以及王建勤认为，母语文化对第二语言文化有一种过滤属性，即人们在进行第二语言文化的学习时，通常会通过母语文化进行过滤，而过滤后的第二语言文化往往改变了原有样子，甚至失去了原有意思，这也是文化误解以及文化冲突的主要原因。由此，学习者即陷入了摆脱母语文化以及接受新文化的尴尬局面。对此，人们只有通过不断学习和理解，才能逐渐感知两种语言文化之间的联系和不同，并且更好地进行区分和学习，对于第二语言学习者的最终结果，是可以巧妙避免母语文化对自己进行其他语言文化学习的影响和左右。

除此之外，在最佳感知社会距离论中，将感知社会距离分为三种类型，分别是学习者和母语文化人群的距离、学习者和目的语文化人群的距离以及母语文化和目的语人群之间的距离。一些学者认为在其中有一个最佳距离，只要保持了这个有效距离，才能更好地进行第二语言学习，同时还能更好地摆脱母语文化的影响。

2. 关于第二语言学习的文化“关键期”的理论

关于文化“关键期”（acultural “criticalperiod”）的理论，最佳感知距离论支持兰伯特（Lambert）的看法，即外语能力的习得与文化失落感之间关系密不可分。这种感觉发生在外语学习者已经远离了自己的母语文化，但又未完全融入或适应目的语文化之时。更为重要的是，阿克顿的模式提出了一个至关重要的难题，让人们开始思考应如何理解文化休克以及文化适应与语言学习之间的关系。将阿克顿的研究与兰伯特的理论结合起来，就会提出一个非常有趣的假说：在第二文化中，第二语言能力的熟练掌握时刻大约是在文化适应的第三阶段之初。这一假说的含义是，学好语言的最佳时机也许不是第三阶段到来之前，但如果过了第三阶段之初语言仍未学好，以后也就再也无法学好第二语言了。第三阶段不仅提供了最佳距离，也出现了最佳认知和情感压力。这种压力对第二语言习得是必要的，既不像文化休克期间那样严重，也不像第四阶段那样轻微。在第三阶段语言的习得反过来又会在心理上将文化适应过程从第三阶段最终推进到第四阶段。

在布朗的假设理论中，成年人在进行第二语言和第二文化的学习中所面临的困扰和困难很多，而不规范的语言表达在进入第四阶段时，将会产生更多的影响。比如，语言表达形式僵化以及语言表达不规范等，并且很长一段时间都很难再学好第二语言。因为在成年人的认知中，语言是沟通的工具，既然已经有一种方式能够帮助自己进行沟通，那么就不会在第二语言的学习上付出努力。相反，如果在第二阶段已经熟练使用第二语言进行工作和生活，那么也很难做到文化适应，因为熟练的语言表达能力会左右成年人的判断，以致无法有效克服文化休克。所以在布朗的假设理论中，第二语言学习者在进行语言学习过程中，有着一个关键的过渡期。

布朗的文化“关键期”理论是在舒曼的“社会距离”、阿克顿的“感知社会距离”及其他相关理论的基础上发展起来的。他的“文化关键期”更是直接与文化失落感论有关。文化失落感指的是无所适从之感和不满心理。这种感觉对第二语言学习与对外国文化的态度之间的关系影响极大。人们在开始失去与母语文化之间的联系而去适应第二文化时就会产生这一感觉，惶恐、失落感与害怕进入新文化的心理交错在一起。这种失落感也许可以称之为文化适应第三阶段的最初表现，这一感受的特点是无家可归或没有着落之感，既失去了与母语文化之间的紧密联系之感，又尚未完全适应新文化。兰伯特的研究支持的看法是，这种失落感最强烈的时候是在开始“学会”外语之时。到了完全进入第三阶段以后，这种失落感才会逐渐减弱。因为这时第二语言学习者“已经度过了由一种文化过渡到另一种文化的最艰难的时期”。这里的“学会”（master）实际上指的是学会日常生活必需语（survival language）。文化关键期理论不仅与感知社会距离论、舒曼的社会距离论等理论有密切关系和共识之处，也和文化休克与文化适应论相呼应：如果要适应新文化，外来者并不想完全摆脱其无所适从和惶恐不安之感。如果无所适从和惶恐不安的感觉过强，他们就难以与居留国的人进行有效的交际。如果无所适从感太强，他们也会难以准确理解居留国人们行为所传递的信息，更无法准确预测居留国人们行为的含义。如果惶恐不安感太强，他们就会失去对交际的掌控；同样，如果惶恐心情过强，也会对信息的加工过于简单化，导致其无法充分预测居留国人们行为的含义。但是，如果茫然之感太弱，又会过于自信，以为对居留国人们的行为理解不会有问题，而不考虑自己的判断是否准确；如果惶恐感太弱，就又会缺乏与居留国人士交际的能力。所以，外来者要谨慎地掌控自己的无所适从和惶恐不安的心理。

这一理论说明的观点是：如果心理压力过大，身处第二文化之中的第二语言学习者就会被吓退，失去了学习第二语言的信心；但如果一点压力也没有，第二语言学习者又会失去文化适应和第二语言学习的动力。这一理论说明文化休克必须克服才能实现文化适应。然而，有点文化休克不仅不是坏事，反而会成为完全适应的动力，有了必要的压力，就会产生认真去了解和学习新文化的行为准则和要求；有了必要的压力，就会脚踏实地地探求各种行之有效的适应途径。所以，文化适应的动力只能在下述情况下才会最为强烈：无所适从和惶恐不安的心理既不过重也不是一点也没有，因为无所适从和惶恐不安的心理过重会失去文化适应的信心，毫无无所适从和惶恐不安之感又会毫无压力，缺乏文化适应的驱动力。一些美国学者还纠正了对文化休克的消极态度。不应将文化休克只看成是文化适应的障碍，更应将其看成是文化适应学习的大好时机。其中也含有变压力为动力的意思。

无论是文化适应论，还是第二语言习得的文化关键期论，谈的都是同一个道理：文化休克会给初居第二文化的人造成重大心理压力，这种心理压力既给文化适应造成了巨大困难，也是第二语言学习的重大障碍。因此必须努力克服，步步实现文化适应。但是，人们又不可忽视事物的另一面——文化休克造成的困难又会成为文化适应的动力，可以驱使在第二文化中的第二语言学习者不失时机地去习得第二语言。正确认识和恰当把握文化休克、文化适应与第二语言习得之间既相互矛盾又相互作用的辩证关系，无论对文化适应还是第二语言习得都至关重要，值得第二语言师生严肃对待和深入研究。

对文化“关键期”问题的研究对对外汉语教学和来华留学生管理工作都具有现实意义：第一，这一关键期发生在第二语言学习者跨越短期“文化适应门槛”之时，学生面临着文化适应和语言学习双过关的关键时刻，做好这一阶段语言教学和跨文化适应导向教育，学生就会渡过文化适应难关，进入基本正常的第二文化学习和文化适应时期，留管工作也就较为主动和顺利；第二，留学生此时已经通过了基础语法学习阶段，渴望扩大词汇量并学习与中国人交际的技能。如果抓住了这一文化关键期，就会稳定学生学习情绪，充分调动学生持续学习的积极性，推动对外汉语教学。

西方学者研究的意义是发现了文化适应和第二语言学习成败的关键是对第二语言和第二文化的态度：对母语文化和目的语文化都持正确态度的学生外语学得最好；对第二语言持正面态度有利于第二语言学习，负面态度则会削弱学习动机，不利于学好语言。不过，教师应当了解，人人都有正面和负面态度，但通过具体情况的了解和与目的语文化的人的交往，负面态度是可以改变的。负面态度一般源于文化优越感（或其反面：文化自卑感），教师有责任帮助学生排除文化优越感的影响，真正了解文化差异并学会尊重目的语文化。

如何认识第二语言教学与跨文化交际之间的关系？如何将跨文化交际研究融入第二语言教学研究范围？如何用跨文化交际教育推动第二语言教学？如何使第二语言教学服务于跨文化交际？这是中国第二语言教学界和跨文化交际学界面临的重大课题。

（四）关于在第二语言教学中培养学生跨文化语言交际能力的理论

跨文化交际学的核心是跨文化适应问题，包括跨文化交际中交际双方的相互适应和对异文化环境的适应。这两种文化适应都有赖于第二语言能力。所以，跨文化交际与第二语言教学之间的关系实质上是跨文化适应与第二语言教学之间的关系。第二语言教师关心的是：如何既用跨文化交际学理论为第二语言教学服务，又让第二语言教学为跨文化交际服务；二者之间关系的具体体现是，运用跨文化交际学理论进行第二语言教学和通过第二语言教学培养学生的跨文化交际能力。有关跨文化交际能力的理论体现了“三性”：实用性、可操作性和可检测性。

1. 第二语言教学要求的定位

人们当前面临的急迫任务是从对外汉语教学和学习的角度进行跨文化交际研究，尤其是外国学生跨文化交际能力的培养与汉语学习之间关系的研究。国内从引进跨文化交际学理论到自己进行系统的跨文化交际学研究已有20余年历史。可是，跨文化交际理论研究一直引不起更多第二语言师生的重视，跨文化交际学与第二语言教学仍是“两张皮”，其主要原因在于跨文化交际学研究脱离了第二语言教学研究，跨文化交际教学进不了第二语言教学的课堂。应当尽快摆脱这种不正常状态。第二语言教学中如何培养学生的跨文化交际能力就是一个亟待解决的大问题。

短期文化适应者第二语言学习的目标应当是什么？学习的主要要求有哪些？这似乎是一个普通常识问题。因为人们都会不假思索地回答：教会第二语言学习者运用第二语言与使用第二语言的人进行交际，即培养学生的第二语言交际能力。那么，什么是第二语言交际能力？如何才能培养学生的第二语言交际能力？人们对此的意见大不相同。

综上所述，有以下几方面是我们在进行第二语言学习时所要面临的问题：第一，要充分理解学生在第二文化环境中所表达的语言信息；第二，在第二语言教学中，要时刻以学生为教学出发点，因材施教，并且充分考虑不同学生的接受能力和学习能力；第三，老师在进行学习成果分析时，不能仅以语言表达能力以及语言信息沟通能力为出发点，而应当充分考虑学生的文化适应能力以及跨文化的交际能力。在跨文化交际能力培养中，老师可以从交际行为以及行为习惯等方面入手，进行规范和引导，还要注意不同文化之间的差异和文化冲突，及时帮助学生理解与克服。

值得注意的是，老师在进行第二语言教学工作中，要时刻注意与学生的文化交流，并且帮助学生培养跨文化交流思维和意识，帮助学生更好地融入第二文化。

2. 第二语言教学的目标

许多人，包括不少学者和一些第二语言教师都认为，第二语言学习应以第二语言国家人士的语言水平为标准，确定第二语言教学的理想目标。如认为学习英语的人的英语水平要以英语国家的人的英语能力为奋斗的终极目标，在学习过程中要全力模仿他们，争取讲出的英语与英语国家的人一样准确地道。也有学者不同意这一观点，理由是：第一，这一目标不仅不可能实现，还常常会导致第二语言学习的失败。因为持这种看法的人忽略了第二语言学习者与母语学习者的语言习得环境和条件的根本差异。第二，即使这种模仿模式有成功的可能，习得的也只能是一种错误的能力。因为那将意味着第二语言学习者与自己的母语断裂，以放弃一种语言为代价去屈从于另一语言环境，求得使用第二语言的人将其纳入他们的母语圈子；以与自己的母语文化分离为代价换取地道的第二文化的社会文化能力和第二文化的“社会文化身份”(social cultural identity)。第二语言教学比较理想的要求应当是培养学生的理解和处理两种文化之间关系的能力。使学生在运用第二语言与第二文化的人交际时，能够清楚认识和得体处理两种文化在信仰、行为和语言含义等方面的关系。

“intercultural speaker”（文化过渡语使用者）概念的提出，认为第二语言教学的目标应当是培养学生的文化过渡能力。所谓“文化过渡语使用者”，指的是这样一种人：他既了解母语文化，又了解第二语言文化，并且能在两种文化相互交际中起到平等对待双方文化的“协调”（mediation）作用。了解两种文化和跨文化交际双方的社会身份是发挥这种作用的决定因素。外交官、驻外新闻记者、访问教师和大部分留学生都属于这一类人。严格地说，出于适用目标的短期文化适应者所学的语言只是一种“混合语”；其特点是语音、词汇和语法不能完全摆脱母语的影响，而且词汇量较小，语法结构比较简单。Byram认为这一目标既现实，也便于操作。

否定以操第二语言的人的母语水平为在第二文化中学习第二语言的目标，认为应将培训目标定位于培训“文化过渡语使用者”。因为这一目标既现实，又便于第二语言教师操作，国内的对外汉语教学就是这一类型教学。否定以操第二语言的人的母语水平为目标的两个理由中第一个理由是符合实际的。成人到国外学习外语的语言环境，显然与从儿时学说话时起就学母语的人的语言学习环境是不同的，效果也难以相同。他提出的第二个理由有点耸人听闻，而且缺乏依据。正确的看法应当是，要学生的第二语言达到第二语言母语国家的人的语言水平，超出了第二语言教学课程的能力范围。因为这种水平只能是移民长期文化适应的结果，即成为文化身份完全改变以后的一个标志。将其作为短期文化适应期间第二语言教学的目标既不现实，也会损害第二语言学习者的信心，还会误导第二语言学习的方法：只会盲目模仿外语国家的人的语言而忽略了语言差异和文化差异的比较，让学生难以找到外语学习的正确途径，也难以学到标准的语言。

跨文化交际能力（Intercultural Communicative Competence，ICC）概念不同于美国跨文化交际学者的概念。是从第二语言教学的角度提出的，ICC包括语言能力、社会语言能力和跨文化能力。他集中讨论的只是跨文化能力。在该书中使用的ICC实际上指的也只是“跨文化能力”（Intercultural Competence，IC），或者说跨文化语言交际能力，是针对第二语言课堂教学提出的语言交际能力的培养。Byram的“文化过渡语使用者”，习得的是由母语向外语过渡的动态过程中外语学习者的外语运用能力。这一能力的提高过程就是逐步接近以外语为母语的国家人士的口语水平的过程，但永远难以达到外语国家的人的语言水平，尤其是口语水平。

3．跨文化语言交际能力的培养

（1）外语能力习得门槛。“跨文化交际能力习得门槛”也叫“外语能力习得门槛”。后一名称是由Council of Europe团队提出的，将这一门本监视为达到外语国家的人的语言水平之前必经的一道关卡，至于这一“门槛”是什么，西方学者认识并不一致。这一门槛实际上只是在一定语境中具备跨文化语言交际能力的一个可以达到的目标，而不是通向无法实现的目标（操第二语言的人的母语水平）途中的一个阶段。这一看法有两层含义：第一，外语能力习得包括知识（knowledge）、态度（attitude）和技能（skills）三个方面，达到了这三方面的培养目标（文化过渡期语言水平）就算达到了跨文化语言交际能力培养的目标。第二，达不到这三方面的既定目标就不具备跨文化语言交际能力。

（2）跨文化语言交际能力的衡量标准。Byram将在第二语言教学中衡量学生跨文化能力的三个标准的内容做了明确而又具体的界定。

1）态度。用三个词可以概括态度所包含的内容：curiosity（求知欲）、openness（开放态度）和willingness or readiness（愿意或乐于放弃只相信自己的文化却不信任别的文化的态度）。他认为，人们在跨文化交际中常常会受到文化偏见和文化模式化的干扰，需要摆脱以自我为中心的态度，要从交际对方角度观察问题和认识问题。Byram提出的态度方面的具体要求（objectives）是：①愿意以平等的态度探索和实践与他人的交际。他们与旅游者的猎奇心理和商人的利益追求态度不同，愿意了解他人的日常生活。②有兴趣了解别人对双方熟悉和不熟悉事物的看法和处理方法。③愿意对本文化环境中文化行为体现出的价值意图提出质疑。主动了解别人对自己想当然的现象的看法，并将他们的评价与本文化的看法进行比较。④乐于在异文化中居留期间体验不同阶段的文化适应和与他人交际的环境，学会应对居留期间遇到的各种困难。⑤乐于在与他人之间的语言交际和非语言交际中遵从对方的文化习俗和礼仪规则。留意采取那些别人认为合适的行为，认真考虑别人对旅居的外国人行为举止的期求。

2）知识。了解和比较交际双方的文化以及群体与个体交际的一般过程。

3）技能。技能指的是对另一文化的发现（discover）和解读（interpret）的能力。具体的能力要求为：①能够识别文化优越感表现并解释其根源。②能够识别交际中的误解和失误所在，并能给予文化差异解释。能辨别误解和失误的根源，并能运用交际双方文化的知识加以解释。③能够调解对事物理解的文化冲突及交际双方的关系。能够向有关人士解释误解和失败的根源，帮助他们消除误解，克服冲突。

这些技能可以使得第二语言学习者能够迅速理解新文化环境，能够应对交际对象文化中复杂多样的交际环境与交际行为。

除了知识、态度和技能三要素以外，文化评析意识或政治教育也是重要的因素，指的是依据双方文化中明确的标准、观念和创作进行评价的能力。具体标准为：①判别和解读双方文化中文字和具体事件的价值，能运用各种分析方法揭示其相关思想意识。②能够用明确的评判方法评析文字表述和具体事件，了解本文化的观点和价值观念，如对人权、社会主义、自由等的看法，而且以此为依据进行评析。③依据明确的标准进行和调节文化交往，运用自己的知识、技能和态度与交际对方协商交流中可接受的程度。了解交际双方的潜在冲突并能用协商一致的标准给予解决，或者求同存异地加以处理。

（3）跨文化语言交际能力的测试。Byram 理论的另一大特点是将跨文化语言交际能力加以量化，进行测试，以检查第二语言教学的成绩，满足颁发学生职业资格证书的要求。外语教学是一种社会现象，要注意语境的作用。要做好测试工作，需要注意两个重要问题：第一，测试的内容就是跨文化语言交际教学的内容，即“目标”（objectives）。第二，测试的标准要由语境决定。语境包括教育制度、社会和地缘政治对教育的要求，突出表现为培养目标要满足社会职业资格的要求。

测试的基本要求是能力的量化显现，即行为表现（performance），可以看得见，摸得着，可以用成绩衡量。Byram 主要采取的是选择题、问答题和撰写文章等方法进行测试。测试内容就是教学的三方面内容：

1）态度。对于“态度”所包括的五条标准的测试可用选择题回答态度的具体表现（evidence）：①对于“意愿”的检测可以用选择题：“如果我可以选择，我会……”还可让学生说明选择的理由。②“兴趣”的选择不是内心意愿的选择，而是外在行动的解释。如怎样才能更加适合对方的看法。③了解外语文化的人对学习者文化中习以为常的现象的评论。④此项标准牵涉的是文化休克问题。这一项无法直接观察，只能采用了解第二语言学习者的反映的方法进行测试，让学生自己反映心理感受。人们认为，这一看法并不全面，因为文化休克是有外在的表现的。当然也需要了解学生的心理反映。⑤这一条涉及交际习俗问题。注意到交际习俗的文化特征及其复杂性。除了礼俗规范本身的文化特性的复杂性以外，还存在旅居者和居留国的人的态度问题。例如，主人不一定要求旅居者完全按自己的一套礼俗办事，特别是非语言交际行为更为复杂。旅居者也不一定完全接受居留国文化的习俗规则。但是，对于这一条的测试，态度比较悲观。其实，礼俗规范和交际行为是可以测试的。

所以，态度部分教学和测试包括五方面内容，测试的内容就是教学的内容。但是具体内容不同，测试的方法有别：①强调的是平等的与人交往，可用选择题。②了解别人对同一事物的不同看法，也可用选择题。③愿意了解别人对本文化价值观念的看法，也可用选择题。④文化休克，可以用问答方式了解别人的心理反映。⑤对于交际习俗与礼貌规范，可以自己分析适应的过程，了解居住国文化对自己行为的期待。

2）知识。跨文化交际中的知识可分为三类：有关外国文化的知识、有关本国文化的知识以及二者之间的关系。前两种知识是文化比较的基础。学习者需要了解另一种文化的人是如何认识自己文化的，也需要了解两种文化之间的关系和相互影响。关于知识学习的测试应当比较易于操作。例如，对于两种文化之间历史和现代的关系和对两种文化之间相互误解的表现的原因分析，都可以用问答题和案例分析进行测试。

3）技能。技能在此指理解和解释的技能。理解和分析的技能要以知识为基础，以事实为依据。对交际中遇到的问题要有辨别力和理解能力、评析能力以及调解文化误解和文化冲突的能力。将技能的测试分为以下几个方面：①理解与关联能力的测试，包括对文化优越感的识别、对文化误解和交际失误的识别以及调解理解差异的技能。可以通过事实分析和交谈情况分析进行测试；②发现和交流能力的测试可用交谈的方法向母语国家的人进行调查、交谈方法鉴别相关现象、参考相关著述，阐述自己的看法、用回顾历史的方法探索习俗的共同点、检测应对文化差异的方法、检查文化交流的制度、检查对不同文化之间交际的调节技能；③文化评判意识的测试是一种比较和评价能力的测试。检测的目的不仅是交际效果，更主要的是考查学生如何讲清本文化的思想观点和按照另一文化观念与之交际的能力。这种能力不仅包括和谐交际关系的建立，还包括对观念的冲突的处理能力。具体检测包括三个方面：第一，价值观念的辨别（identifying values）能力。有理有据地对书面材料或具体事件进行鉴别和解读的能力。第二，按标准进行评估（evaluating by criteria）的能力。用明确的标准对书面材料和具体事件进行评估分析的能力。第三，交谈与调解（interacting and mediating）的能力。依据明确的标准对跨文化交流中交谈与调解能力进行测试。检查学生是否能够运用自己的知识、技能和态度通过协商寻求可接受的程度。可以采用评论和分析的方法进行测试。

将第二语言教学与跨文化交际相结合，注重比较方法的运用，还注意到排除文化优越感和文化偏见的干扰的重要性。他的理论最有研究价值的是将跨文化交际教学引入课堂，并提出了具有实用性、可操作性和可检测性的尝试措施。这些都对跨文化交际教学，尤其是对跨文化交际教学与第二语言教学之间关系的研究具有启迪意义。

理论重在对文化知识的了解和对文化差异的理解与解释，也未讲清跨文化交际理论与第二语言教学的结合问题。尽管如此，这一理论对跨文化交际教学和第二语言教学仍具有不可忽视的参考价值。

第三节　跨文化关系、冲突经营与谈判

一、跨文化关系

人类不是独居性的生物，当人们欲与他人分享喜、怒、哀、乐、爱、恶、欲等七情六欲之时，也正是寻求与他人建立人际关系网的时候。从人们出生的那一刻，已经开始经由沟通的管道，编织一个社会关系网。人性本就具有爱与被爱的本质，这种本质随着年龄的成长，逐渐地表现出来。换句话说，人类一生都持续着与周遭的人们发展（develop）、维系（maintain）以及终止（terminate）相互间的关系。由于交通与传播科技的突飞猛进，人类在全球化社会的接触更是简便与频繁。不仅是人际之间，包括团体间、组织间与国家间的关系，也比 20 世纪更加紧密。

（一）跨文化关系的性质与特征

人际关系指人们在日常生活里，如何在陌生（strange）与亲密（intimate）之间的连续线上相互对待的过程。对人际关系内涵的认知，不同文化会有显著的差异。不过，不管文化对人类认知关系的影响为何，人类这种与他人联系的欲望，同是建立在“社会需求”（social needs）的基础上。根据 Schutz 的研究，人类的社会需求包含个要素：归属感（inclusion）、支配力（control）以及情感（affection）。

（1）归属感是人们意欲参加社交、文化、宗教或学术等不同团体的动因。在不同的团体与成员建立人际关系，是人们发展自我认同的基本步骤，因为只有在具有归属感的团体内，个人的特质与思想行为，能够受到接受与认同。

（2）支配力代表影响他人思想行为的能力。支配力通常来自一个人的知识、吸引力或权威。人类沟通的过程，其实就是互动者彼此说服对方，也就是经由个人支配力彼此影响对方的过程。显示支配力的行为，可包括如提供他人不知晓的信息、提供新点子、鼓吹行动、替人解决冲突或排解纠纷或同意对方意见等项目。

（3）情感需求则是人类追求爱人与被爱的欲望。为了维持良好的人际关系，归属感和支配力必须以情感来调和。情感的流露，可以培养出亲密的感情和产生海誓山盟的承诺。只有情感有了适当地表达与维护，人类才能彼此在生理、心理及其他方面紧密地联结起来。

总而言之，人际关系乃是人们在社会需求的领域中，寻求建立连接网络的互动过程。在这个彼此试着满足对方归属感、支配欲与情感需求的过程，因为双方文化背景、宗教信仰、教育程度与个性等因素的影响，而产生正面或负面的结果。

（二）文化对关系发展的影响

从文化的角度而言，它对关系发展的取向具有重大的冲击。例如，文化的差异在俩人开始互动时，就扮演了一个重要的角色。有些文化对与陌生人的交谈比较开放，有些则相当保守。东亚与北美文化对沟通的看法最主要的差别在于前者以社交关系为重，后者以个人主义为主。东亚文化的这种思想取向，主要是受到儒家对仁、义、礼、智四个概念的重视。这四个概念的信仰，对东亚人的沟通过程形成了与北美不同的重大影响。其中一项就是人际关系运作的形态。

东亚人倾向于建立：

（1）特殊性的关系。这种关系凸显年龄、性别、角色和地位的差异，并且鼓励彼此间的相互依赖。在特殊性关系的社会里，沟通通常受制于一组清晰的规范（norms）。

（2）长期性的关系。这种开始难，一旦建立之后就变成长期性关系的取向，衍生了礼尚往来（reciprocity）的习惯与层级性（hierarchical）的关系结构。

（3）明显区分我族（in-group）与他族（out-group）的关系。这种由包括血亲、同乡、同学、同事等关系网所建立起来的我族或内团体的结构，促使东亚人不信任他族或外团体分子。

（4）正式性关系（formal relationships）。较正式性的关系使得东亚人在碰到龃龉的时候，倾向于依赖第三者或仲裁人来帮忙解决，以避免当事人面对面的窘状。

（5）重叠的私人/公共关系（personal/public relationshps）。东亚

人较喜欢私人性或人性化的互动环境，因此私人与公共关系之间的界限，常有重叠的时候。

北美文化和东亚文化有很大的差异，在人际关系上，北美人倾向于建立：

(1) 普遍性的关系 (universalistic relationships)。这种关系依照一个客观的 (objective) 法则行事，人际间的关系，以公平 (fairness) 与平等 (equality) 为依归。

(2) 短期性的关系 (short-term relationship)。这种关系起头容易建立，但是彼此之间不具有什么义务，因此没有所谓“礼尚往来”的约束感。

(3) 不明显区分我族与他族的关系对认识或不认识的人一视同仁，只要觉得搭调，人人可以为友。因此朋友群通常比东亚人广泛。

(4) 非正式性关系 (informal relationships)。这是属于平行式 (horizonal) 的沟通与人际关系，从北美人对认不认识或不论年龄大小的人都喜欢以名 (first name) 互相称呼对方，可以看出。

(5) 公私分明的关系。北美人不习惯把私人与公共关系扯在一起，以防隐私、自主等个人权益受到侵犯。

(三) 跨文化关系的特征

除了文化的影响之外，跨文化的关系具有四项明显的特色：高度动态性 (dynamic)、容易产生误解 (misunderstanding)、焦虑感 (anxiety) 较高以及潜在利益 (potential benefits)。

(1) 高度动态性。跨文化关系比单文化的关系建立过程，更具动态性。跨文化关系的高度动态性，不仅是因为关系本身是一个互动双方经由沟通来彼此影响的过程，更是沟通形态、价值观念、认知系统、生活饮食习惯等文化的差异所造成。

(2) 容易产生误解。由于文化的期待 (expectations) 与刻板印象 (stereotyping) 紧随着跨文化的沟通，也因此在跨文化关系建立的过程中，扮演着重要的角色。因为每个文化都有不同的期待与刻板印象，在关系建立的过程中，也更容易产生误解。

(3) 焦虑感较高。任何关系建立的初期，因情况的模糊性

(ambiguity) 和对互动对方资讯的缺乏，产生某种程度的焦虑感是不可避免的。这种模糊性或不确定性 (uncertainty) 和资讯的缺乏的情况，在跨文化沟通的过程中，因彼此文化的差异更加严重，焦虑感也相对地增高。

(4) 潜在利益。跨文化关系的发展过程，虽然动态性高，情况不容易掌握，也更容易产生高度的焦虑感和误解，但也正是这些因文化差异所形成的潜在困难，给跨文化关系的建立带来了一种独特性的挑战和可能的回报与机会。

(四) 跨文化关系研究的理论模式

研究关系建立的理论与模式俯拾可得。例如，较具有代表性的有社会交换理论、社交关系渗入理论、不确定性减除理论、沟通适应理论、Devito 的关系五阶模式、Knapp&Vangelisti 的关系模式以及第三文化建立理论。

(1) 社会交换理论。社会交换理论以经济学的奖赏 (reward) 和代价 (cost) 两个概念为基础，主张人们凡事都会衡量奖赏和代价的差异，并试图争取最大的效益。交易中，如果奖赏大于代价，人们会趋之若鹜；如果代价大过奖赏，人们则按兵不动或避之唯恐不及。

应用到人类关系的发展也是一样，如果交往的过程，充满着欢笑、情意、尊重、权力地位等奖赏性的成分，人们通常会继续追求该项关系的进展。如果关系满是仇恨、不快、痛苦、财务损失等负面代价，人们会裹足不前或结束双方的关系。

(2) 社交关系渗入理论。社交关系渗入理论认为人们关系的进展，建立在自我表露 (self-disclosure) 的基础上。从表露讯息的深度 (depth) 和广度 (width) 可以判断出彼此之间的关系仅是泛泛之交或具有深交，以及关系进展的四个阶段：适应期、探测性的情感交换期、情感交换期以及稳定期。

在适应期的表露，均属于表面性的或刻板印象性的讯息；探测性的情感交换期的讯息，围绕在互动者个性周边的事实；在情感交换期，彼此开始感到自在地表露个人的意见；在稳定期则可以无所不谈，不会有所顾忌。

(3) 不确定性减除理论。不确定性减除理论专门用来检视人们在见面初期，彼此如何开始来认识对方的过程。不确定感（uncertainty）指在认知上，因无法在不明情况下适当解释自己或对方的思想行为所引起的焦虑感。这个理论主张，唯有减低这种焦虑感，人们才有办法发展关系。因此，在关系发展的过程里，人们一直是试着经由讯息的交换行为来减低不确定感。通常有三种策略可用来达到减低不确定感的目的：被动策略、主动策略和互动策略。

1）被动策略（passive strategy）指不直接与对方沟通；但暗中观察对方在不同情况下的行为，收集可资了解对方的资讯。不确定感经由这个间接资料收集的过程得以减轻。

2）主动策略（active strategy）也不直接与对方沟通，但却积极地从认识对方的人们或朋友，收集有关对方的资料。由于没有与对方直接对话，因此被动与主动两种策略所收集的资讯，不见得是正确可信的。

3）互动策略（interactive strategy）则使用两种方法。第一，直接询问对方有关他们的资讯。第二，经由自我表露，让对方了解你自己。询问对方加上自我表露，通常会使对方觉得有义务，提供适当的资讯。互动策略所得的资讯比前两者正确。

(4) 沟通适应理论。沟通适应理论融合了言语适应理论和民族语言认同理论，探讨在社会与心理情境下，双方沟通进展的情形以及沟通有个人特性之间的关系。沟通适应理论以三个概念为基础：聚合、分歧及维持。聚合指改变自己语言表达的方式来适应互动对方，以显本彼此之间的休戚与共；分歧指刻意强调与互动对方在语言上使用的不同；维持指无顾互动对方，持续使用自己的语言表达方式。在跨文化沟通的过程中，聚合的使用可以增加吸引力，分歧则相反。维持的使用，少数族裔在发现自我语言的重要性时，通常会采用维持的方式，持续使用自己语言或表达方式。

(5) Devito 的关系五阶模式。Devito 的关系模式着重在关系发展的阶段。人类关系的发展，可分为五个阶段：接触期、投入期、亲密期、恶化期以及分手期。每一期的发展都有一个起头与结尾。在结尾的时候，互动者必须决定，关系就停驻在该阶段或继续往另一个阶段推进。

（6）Knapp&Vangelishti 的关系模式。Knapp&Vangelishti 的模式把人类关系的进展细分为两个阶段，这两个阶段为聚合（coming together）和分离（coming apart）。聚合阶段象征着彼此吸引力的升迁，这个阶段包括了五个层次：启动（initiation）、试验（experimenting）、强化（intensifying）、整合（integrating）及连结（bonding）。这五个层次，可说是 Devito 关系模式前三个阶段的延伸。

分离阶段象征彼此吸引力的坠落，这个阶段也包括五个层次：分辨（differentiating）、划分界限（circumscribing）、停滞（stagnating）、回避（avoiding）及终结（terminating）。这五个层次，可说是 Devito 关系模式最后两个阶段的延伸。

二、跨文化冲突之经营

尽管有些文化重视和谐的价值观，有些文化以对抗作为解决问题的主要方法，在人类关系发展的过程中，冲突是一个必然存在的事实。也就是说，有人类的地方就有冲突存在。冲突可说是人生的一个无法避免的事实，是一个具有普世性的现象与概念。

（一）冲突的本质

广义而言，只要两个对象之间的需求无法搭配或相容，人们就可以说，他们处于冲突的情境之中。不管文化差异的大小，冲突是日常生活的一部分。冲突与人的一生形影不离，有人或许会以为；某些人一定乐于与人发生冲突或是以冲突为乐。其实不然，不管中外，只要是正常人，身处冲突情况时，感觉通常是负面、不愉快的。

虽然冲突是一个普世性的现象，但是不同文化的人们对冲突这个概念，在意义的认知上，还是有所差别。例如，“冲突”这个词在英文为“conflict”；依定义是，只要彼此需求不相配，就是“conflict”。但从中文的角度来看，把“conflict”翻译成“冲突”，其实并不是很理想。因为中文“冲突”的意义，比英文的严重得多。中文“冲突”的意义，已接近英文的“clash”；意指有暴力性或倾向的“conflict”或对抗。其他接近“conflict”意义的中文，有“分歧”“纠纷”“问题”和“矛盾”。

大致上“矛盾”和英文“conflict”的意义较为接近。不过，“矛盾”在中国也有不同的用法。从历史的典故而言，矛和盾都是武器，买者自夸其矛无盾不破，又自诩其盾无矛不挡，结果在逻辑上说不通。因此，可以认为“矛盾”原意为“互反”（mutually opposed）或“逻辑的不相容”（logically incompatible）。如此和英文的“contradiction”比较相近，而非“conflict”。

但是“矛盾”后来演变出了其他的意义。把个人、人际间、团体间、组织间以及阶级间，在价值观、信仰、态度、意见与意识形态上的差异，认为是“矛盾”的内涵。由此可见文化对“冲突”的影响意义。

最后，从沟通结构的角度来看，冲突在每一个沟通层次都会发生。依性质而言，冲突有虚实之分。所谓“实冲突”（realconflict），指因争取资源、权力或地位的真实性的对抗。这种冲突产生了“零和”（zero-sum）的情况，也就是说，结果一定有输赢。甲方赢，意味着乙方输，像各种球类竞赛一样，两方对峙，不能同赢或双输。

“虚冲突”又称“诱发性冲突”，原本并无真正的冲突，但是为了特殊的目的，如凝聚团体成员，刻意制造出一个假想的对手。这在政治上也常发生，政客与政客之间或国与国之间，常常会树立一个假想敌或外患来巩固或争取选票，激发国人的爱国情操。

（二）文化对冲突的影响

文化对冲突的经营与解决的影响可从文化的三个面向说起：文化情境、语言差异以及思想形态。

（1）文化情境。文化价值取向区分为高情境文化和低情境文化，信息、情境和意义三个概念，均衡地与功能性地结合在一起。分享的讯息越多，情境的程度越高。因此，文化分布在高情境与低情境的连续线上。

（2）语言差异。语言和文化的紧密关系，要言之，每一个文化都有一组制约其语言结构，包括语形、语音、语句、语意和语用等领域的规则。这些语言本身的结构，是沟通时首先必须碰上的问题。换句话说，不了解一个语言的结构，根本就无从沟通起，彼此间的误会与冲突，也因此容易产生。

不过，语言结构属于沟通的显性层次，只要经过学习的过程，通常在一段时间内，就能取得了解与运用的能力。因此，语言的差异对冲突经营或解决的影响，最难以驾驭的部分乃是语言的表达方式；它代表着沟通的隐性层次，深深受制于文化深层的价值取向。

语言的表达方式，在人类开始学习说话时，即慢慢地跟着发展。由于语言表达的方式反映和具体化人们文化的信仰，在互动时，因表达方式的不同，往往会引起冲突。从文化情境可以得知语言的表达可分为直接与间接两种方式。直接表达的方式特别重视自我表现、口头的流利、雄辩的言说和试图直接说服对方接受其观点的倾向。反之，间接表达方式的特色，在于较常使用模糊性的语言和不直接说“不”或拒绝对方，以确保和谐的互动气氛。

很明显，直接表达语言是低情境文化的特征；间接表达语言的方式，则代表了高情境文化的特征。在互动的过程中，使用直接表达方式的人们，比较容易引发冲突，而且在解决冲突时，倾向于采取对抗的方法。语言的表达方式，在自我表露的过程中可清楚地看出差异。

(3) 思想形态。思想形态指文化成员推理的方式或解决问题的步骤。从语言的表达中很容易可以分辨出思想的形态差异。

(三) 跨文化冲突解决方法

解决跨文化冲突的方法，大致可分为以下五种：

(1) 文化支配法。这是以自我或自己文化为中心的冲突解决法，也就是“我是他非”的作风。

(2) 文化顺应法。文化支配相反，是“我非他是”的利他做法。如同入乡随俗一样，迁就对方。这种迁就，可能是真的欣赏对方，可能是屈服于对方的势力，也可能是担心互动结果的不理想而产生的。

(3) 文化妥协法。此法局部综合了双方的需求，结果是各方都同时赢一些，但也输一些。也就是既没有全赢，也没有全输。在事情不能两全的时候，这倒是一个可取的折中办法。

（4）文化逃避法。这是鸵鸟主义法。把头栽入泥沙里，看不见问题，就以为问题不存在了。

（5）文化综合法。同时顾及双方的需要，发展出另一套双方可以同意与互利的方法，以便适当地把问题解决。这是达到双赢结果的保证。

这五个跨文化冲突或问题解决的方法，各有利弊。表面上看来，除了文化综合法之外，其他各法似乎都不可取。其实，在实际运作情况下，并不见得如此。尤其是从策略性的角度，有时候会刻意使用非预期的方法，出奇制胜。不过，整体而言，文化综合法还是代表跨文化冲突解决最为理想的方法。它不仅解决了问题，而且双方都乐于接受，没有怨恨存在。

文化综合的冲突解决方法，是一种用以经营多元文化之冲击的主要方法之一。它具有四项原则：①文化异质性，信仰文化多元主义；②文化同异性，相信人们之间，相似和相异的特性同时存在；③殊途同归性，不同文化方法，对解决相同的问题同时有效；④文化经权性，了解自己的方法只是众多方法中的一种。

三、跨文化谈判

人类沟通或关系发展的过程，无可避免地必须面对各种可能的冲突或龃龉。为了解决这些问题，人们随时得经由谈判（negotiation）的过程来说服对方，以做出满意的决策。因此，有关系就有冲突，有冲突就有谈判的存在。可见谈判是人类沟通互动的一个紧要部分。

（一）谈判的定义与本质

谈判是达到圆满解决冲突，常常必须运用到的方法。它意味着一个人试着说服对方改变意见或行为的过程。谈判通常发生在互动双方意见不合或所需不同，但欲达到彼此能够互利的情况下。谈判具有如下三项特质：

（1）谈判是人类社会生活的重要技巧之一。不论是在人际关系的发展，团体与团体，组织与组织，或国家与国家之间，随时都必须经由谈判的过程，来减低负面的冲击，或达致较满意的结果。在当今全球化的社会，不同文化间的谈判机会，更是日渐增多，愈加重要。

（2）谈判虽是人类社会生活中，解决问题的重要技巧之一，但是它不见得随时是最好的方法。解决问题的方法种类繁多，有时因情况的需要，使用诸如协议等方法反而对己方有利。这是因为谈判本身通常是一个很费时的过程，而很多问题的解决，必须在短时间内完成。不过，因为谈判是达到双赢结果的方法，因此还是常常采用，尤其是在国际间冲突的情况。

（3）谈判与文化的关系极为密切。不同文化表现了不同的谈判型态。

（二）跨文化谈判的注意事项

文化的复杂性，在从事跨文化或国际谈判时，应该特别注意五个项目：谈判者及情况、决策的形态、国家性格、文化噪声以及解说和翻译者。

（1）谈判者及情况。谈判者的选择标准与有利于我方的谈判情况是两个谈判的基本问题。首先是谈判代表人选择的问题。谈判的情况包括地点、场所摆设、谈判时间、地位等要素。地点方面，应该在我方的办公室、对方的办公室或是第三个中立的地点，这些都是安排谈判的过程，根据谈判的性质，必须考虑到的问题。大部分人似乎喜欢选择较中立的地点从事谈判。谈判时间的运用因文化对时间概念的认知不同，对跨文化谈判具有很大的影响。在跨文化谈判时，时间的运用，常常成为一个克服对方的武器。最后是谈判者地位的决定。美国人较喜欢不正式的行事作风，也较重视人人平等的观念，因此重视谈判者的专业知识，而非社会地位。东方人则重视层级关系，对谈判资格的选择往往是以个人的社会地位或尊卑长幼来决定。这种差异，常常给跨文化谈判带来诸多的困扰。

（2）决策的形态。从文化情境的角度，人们已经了解高情境和低情境文化，有着不同的问题或冲突解决方法。决策既然是问题解决过程的一环，文化必然也赋予它的成员一套决策的形态。①

---

① 陈国明．文化交际学［M］．上海：华东师范大学出版社，2009．

(3) 文化噪声。文化噪声专指沟通过程，阻止或扭曲信息流动的各种障碍。这种障碍在跨文化谈判中，主要存在于讯息本身和输送的过程，也就是语言与非语言的表达行为。口语谈判的策略包括十三种：承诺、恐吓、劝告、警告、奖赏、惩罚、规范性诉求、诺言、自我表露、质问、命令；非口语的谈判策略，则有沉默、交谈重叠、脸部直视以及触摸。

(4) 解说和翻译者。在跨文化谈判的过程中，常常须要依赖解说或翻译来协助双方彼此了解讨论的内容与文件用语的正确性。在跨文化沟通的过程中，翻译可能造成三项困扰：①不同语系之间，常常很难找到对等的词语来翻译；②错误的翻译，可能酿成巨大的悲剧；③正确可靠的翻译不容易，因此常常需要仰赖专业人才。在跨文化谈判中，有关翻译必须注意三个事项：第一，翻译过的词语，双方的主观意义十分重要；第二，一方语言的概念，若不存在于对方的语系，该如何处理；第三，双方的语言是否具有难以翻译的内在推理或思考形态。

(三) 跨文化谈判的过程

跨文化谈判的过程，通常可以分为五个阶段：计划、建立关系、交换相关资讯、说服以及让步与达成协议。

(1) 计划。计划阶段指谈判尚未登场，双方还未碰面之前的准备功夫。好像考试一样，试前花更多时间准备的人，往往是考得较满意的人。不过，计划或准备一定要有正确的方法，才能得到事半功倍的效果。跨文化谈判前的计划与准备，除了收集有关谈判的资料与对方文化的差异，以及对方人选的背景质问，通常还包括预定谈判的时间、可能的抉择、共同的底线、长短期的冲击等项目。在这个阶段，有六项准则要遵守：①确定要谈判的事物是可以谈判的；②了解赢得谈判对己方的意义是什么，野心要大，但须设定一个实际的底线；③收集事实资料；④准备对不同文化与不同阶段的谈判策略，包括已方立场为何，是否采取强硬的谈判态度，决定初步的议价以及如何控制让步等；⑤准备自己的翻译员、律师和会计师等人员；⑥尽量给己方准备多点谈判的时间。

（2）建立关系。这是双方面对面，开始彼此认识，以制造对谈气氛的阶段。任何适然地打破僵局，收集对方的资讯以减低不确定感，并进一步建立良好的见面关系是该达成的目标。双方首先应该发展出相互尊敬与信任的态度。文化和个人的相同处，变成彼此建立人际关系的基础；相异处则作为交换意见，以增进彼此了解的机会。这个阶段应该极力遵守的原则是：人与事必须截然划分开，也就是讨论的过程，对事不对人。因此，拒绝对方资讯或请求时，力求让人有不是在拒绝他个人的感觉。

（3）交换相关资讯。因为谈判的真髓，在于双方能够同时受益，因此，在这个阶段，谈判者应该专注在任何把己方的情况和需求表达清楚以及了解对方的情况和需求。该知道的是情况和需求的表述，并不是所谓的立场表述。立场意指单方面在某种特殊情况下，提出的唯一解决方案。改变立场是件难事，情况和需求则可因时地物事的变化而加以调整。在这个阶段该遵守的原则是：利益为先，立场其次。这原则可使谈判具有较大的弹性空间，在利益上折冲样本樽俎，彼此争取到对自己的最大利益与双方可以接受的多项解决方案，而非卡死在立场的死巷，失去了转圜的空间。

（4）说服。谈判双方交换了情况和需求的资讯后，接着就是彼此试着说服对方，接受己方的条件。说服是用非暴力的手段，经由沟通与策略的使用，来影响对方思想和行动，以达到自己目的的过程。一个成功的跨文化谈判，应该注重建立双方互惠的解决方案，而非以传统的说服方式，只试着迫使对方接受仅对我方有利的提案。对双方有利的解决方案，通常建立在了解彼此之间的利益取向、价值观和需求。然后分辨出双方的异同，再以互异的部分为基础，发展出双方互利的方案。说服的过程，有几项准则需要遵守：①适当地掌控资讯；②留意语言的使用；③视说服为一种艺术；④给对方面子；⑤认知谈判停滞对双方都没有好处；⑥不受威逼，该走就走。

（5）让步与达成协议。跨文化谈判的最后阶段，是彼此在该让步的地方让步，然后达成最后的协议。让步的行使，应该建立在客观的标准之上，而不是使用尔虞我诈之术，欺骗或误导对方。由于不同文化对让步的看法与做法不同，因此，很难找到一个统一的让步原则。唯有从了解对方文化着手，才能避免误会，最后签订谈判协议。

（6）协议的签订，通常以书面行之，因此文字的适当选择和翻译是否得当，便成了这个部分最值得注意的问题。在翻译方面，为了确保用语和意义的正确性，一般都使用所谓的“回复翻译法”。过程是：协议书拟订后，找一个精通双方语言的人，把协议书翻译成己方或对方的语言，然后再找另外一个精通语言的人，把协议书翻译成原先的语言。翻译回来的若与原先的语言一致，则意味着该协议书的语言表达是可靠的。

第四节　跨文化适应、认同与训练分析

“橘生淮南则为橘，生于淮北则为枳”这句出自《晏子春秋》的名言，就是“越淮为枳”这个成语的来源。本意是用来比喻迁地不良的意思。越过了淮河，南北的地理环境有了不同，天气与水土有了差异，人文环境也可能有了差别。由于这些改变，连植物都产生了水土不服的现象，结出的果子也由大变小，由好变差了。人和植物没有两样，在不同的文化土壤上，也会有适应不良或水土不服的现象。

一、跨文化适应的本质与意义

跨文化适应泛指对一个新文化环境逐渐感到贴切或相称的过程。跨文化适应的研究，通常着重在居住于异国的人们，适应新文化过程所产生的矛盾、焦躁、烦恼与痛苦的心理冲击，因此跨文化适应也称为文化震荡、濡化、濡化压力、适应压力、文化劳累、变迁震荡或适应震荡。其中以文化震荡最为常见。

严谨说来，文化震荡其实只是跨文化适应过程的一个阶段，但由于它代表跨文化适应过程最明显与主要的部分，因此了解了文化震荡也就等于了解了跨文化适应的意义与本质。

（一）文化震荡（文化冲击）的来源

文化震荡（文化冲击、文化休克）的现象在20世纪初人类学家的

作品里已有很多描述，但是“文化震荡”这个名词却是一直等到1960年才出现。

对一般到其他国家短期旅游的人们，文化震荡似乎并不显著或根本不存在。但是对为了工作、事业或求学，必须身居异国一段时间的所谓旅居者，文化震荡是一个无法逃避的过程。文化震荡是适应新文化时，所产生的心理苦痛的冲击。这种心理的震撼，源自日常生活所熟悉的文化语言与非语言符号突然间在异地失灵。

为了适应这种因环境变化所产生的模糊性、不确定性与不可预测性，心理所承受的重大压力可不想而知。若再仔细地观察文化震荡心理压力的根源，可发觉八项较明显的起因：挫折感、压力、焦虑、不同的政治系统、合模的压力、社会疏离、经济困难以及人际间的冲突。

（二）文化震荡的起因

前面八项起因中，又以社交与人际互动有关的困难最难适应。

在文化适应过程中，留学生可说是最特殊的一群。正值青春年华，就决定负笈他国，盼十年寒窗，功成名就。由于所处环境的特殊，所碰上的文化适应问题也就比较特殊。

文化震荡与三项因素有关。第一是文化本身的差异。地主国和自己国家的文化差异愈大，文化震荡的冲击愈强。第二是个人的差异。一个人成长的背景与个性，影响一个人适应新环境的能力。第三是旅居的经验。经常旅居他国或第一次旅居前的准备或训练，也都关系到一个人遭受文化震荡的程度。

（三）文化震荡的症状

文化震荡的症状因人不同，种类也繁多。以下列出常见的文化震荡症候群：①过度关心饮水与食物的品质；②过度依赖来自同文化的人；③动不动就洗手；④惧怕与地主国人碰触；⑤心不在焉；⑥无故失神；⑦无助感；⑧容易为小事动怒；⑨拒绝学习地主国的语言；⑩敌视当地人；⑪过度强调自己的文化认同；⑫时常想家；⑬常感到寂寞与闷闷不乐；⑭萎缩与沮丧；⑮失去信心；⑯失去耐心；⑰偏执狂；⑱精神分裂。

这些症状可以进一步归纳为文化震荡的六个方面。

（1）对新环境心理调适之需求所带来的紧绷的压力。文化的差异愈大，这种心理压力就愈强。因个性与个人不同的造化，体尝这种文化震荡心理紧绷压力的浓淡、多寡或长短自也相异。有些人可能在短时间内适应，有些人则没这么幸运，很长时间都没有办法适应新的环境。不过，这两类人基本上是属于比较极端的。或若有之，也不至于占太高的比率。一般人通常是处于两者之间。虽免不了会有一些压力，但经过一段适应期之后，大致上就能跨越文化的震荡，慢慢地恢复到正常的生活。

（2）失落感。到了异地，亲朋好友不在身边。在自己国家辛辛苦苦建立起来的社会地位，也一夕间云消雾散。这种对先前拥有物的遗失或被剥夺感，很容易让人感到沮丧或患上忧郁症，产生心理变化。

（3）排斥的感觉。这种感觉包括自己无缘无故排斥当地人的冲动以及受到当地人排斥的感觉。排斥当地人的心态，通常是文化优越感，心理的作祟而产生自我膨胀的现象。这些优越感常常带来对不同文化背景人们的歧视，自认高超，无与伦比而拒绝与他们交往。不肯与他人来往的同时，很容易感到对方也不屑与人们来往，弄得自己常感到凄凉。

（4）错乱感。错乱感指在跨文化适应的过程，对信仰、价值观和该扮演的角色感到迷惑或错乱。

（5）异常的情感反应。在异国真正体尝到彼此文化之间的差异后，连带而来的可能是一连串焦虑感、恶心感与惊慌失措等心理与生理消化不良的激荡。这种心理与生理的受惊反应，若无法在短时间内适应过来，可能会严重到出现第六种症状。

（6）丧失了面对新环境的能力。这种能力包括心理的无能感与生理的无能。这个方面表现在更具体的生活层次上，会产生如下的症状：①举止畏缩而孤独难耐；②烦躁易怒；③无缘无故的掉泪；④老觉得身体不舒服；⑤失去性能力和工作或读起书来心有余而力不足。失能的现象，发生在学生的身上，会导致无法完成学业；发生在工作上，会导致效率低落，无法完成公司的期待。个人的前途，家庭的生活与事业的发展，同时受到挫折，影响非同小可。

（四）文化震荡的种类

文化震荡的种类，大致上可分为五种形态：语言震荡、角色震荡、转换震荡、教育震荡、文化距离。虽然文化震荡可以细分成这五个形态，但它们彼此之间有诸多重叠的部分。

（1）语言震荡。语言震荡来自于不熟悉地主国的语言。语言是人类沟通最主要的工具，而且语言本身隐含着一个文化的价值信仰与社交关系的线索，不懂地主国的语言，顿时失去适应地主国符号世界的能力。语言震荡可以说是文化适应过程中，最先碰上与带来心理压力的主因之一。

（2）角色震落。角色震荡指个人因环境的更换，原来的个人地位突然消失了的失落感。为了调整角色以适应新文化，所付出的精神时间，有时真是无法估计。人们发觉年纪愈大的旅居人，角色的调整愈不容易。留学生的父母，到海外探视或与儿女同住，有不少不欢而散，原因之一就是角色无法立即调整过来的关系。角色转换所带来的心理冲突与震荡，非当事人恐怕无法体会。

（3）转换震荡。转换震荡指为了配合新环境做了巨大改变时，所承受到的压力与痛苦。其实这和1975年提出的文化疲乏与适应压力一样。文化疲乏侧重旅居人适应新文化过程，生理与心理上的不适；适应压力则注重准备接受新文化挑战时，生理紧绷的反应。这种反应连带地引起心理的压力。这三种文化震荡的意义比较广泛，虽然用语不同，内容差别不大，而且可作为文化震荡本身的定义。

（4）教育震荡。教育震荡专指国际学生在学习时，对教育系统与学院生活的适应过程。教育震荡是文化震荡研究很重要的一环。由于交通便利，科技发达，到较先进国家深造的青年学子愈来愈多。学生是社会身份很特殊的一群，尤其是外籍学生，除了适应新环境不同的日常生活外，必须全神贯注在学业上。因为语言能力的不足，加上学制、学习方法、师生相待等方面的差异，造成适应不良，转学者有之，退学者有之，辍学者有之，更有不少无法完成学业。教育震荡所带来的理想破灭，最叫人感伤。

（5）文化距离。“文化距离”这个词是用来表示旅居人的文化与地主国文化之间的差距。文化距离可作为旅居人在异乡疏离感与心理苦痛的指标。当然，文化距离愈大，旅居人的疏离感就愈强，心理也愈苦痛。

（五）文化震荡的影响

学者对文化震荡的影响有两极的看法。一派认为文化震荡对当事人有正面的影响，另一派则认为文化震荡对当事人有负面的冲击。

（1）正面影响。持正面看法的学者，认为文化震荡对个人的成长有所帮助。第一，学习本身总是具有某种程度的变迁，不同的情况通常提供不同的机会以求取解决的方法。文化震荡提供了当事人一个在随时变迁的环境里，寻求解决方法的学习机会。第二，文化震荡可以解释为一个个人化的现象。既然人们都喜欢有一种独立与特殊的感觉，文化震荡能够提供个人追求那种特有感觉的动因，促使个人努力爬升到自我实现的境界。第三，文化震荡可以带来一种挑战的刺激感。这种兴奋刺激的感觉，鼓舞当事人勇往直前，愈战愈勇，克服适应过程的障碍。第四，学习的作用与效果，通常必须在个人的压力或焦虑，达到某种高度的时候，才会真正显现出来。除了极端的例子之外，文化震荡给当事人带来的高压，正好是最适合学习的程度。第五，来自不同文化人们的接触，不仅已经是无法避免的事实，而且是愈来愈频繁。这意味着文化震荡是当今生活与学习不可或缺的一部分，对人们生活有不可磨灭的贡献。第六，文化震荡提供给当事人一个寻求适应新方法的机会，然后实地加以印证，若不适合，再继续寻找他种方法，直到结果满意为止。这种尝试与错误的学习方法，对当事人的成长很有助益。第七，以不同行为实证各种新方法的过程，常常是经由比较或对照的方式进行。这种过程强化了当事人学习的能力，更进一步把新方法联系到不同文化的适应中。

（2）负面影响。这些正面的观点，很明显是把文化震荡当作是学习的过程。由于人类的成长必须经由学习的过程，文化震荡正好提供给人们一个学习自我成长的好机会。不过，文化震荡既是一种心理与生理的“震荡”，有了震荡，必然会带来后遗症。这是对文化震荡具有负面影响看法的主要依据。第一，文化震荡给当事人带来的是高低起伏不定的情感经验或情绪。两极性的情绪反应，对当事人心理健康的发展，会带来不良的影响。第二，文化震荡对当事人知觉与认知评估能力的发展，会带来负面的影响。由于文化的差异，旅居人可能把地主国正常的举止行为看成是怪异的、不寻常的与不可理解的。这种不正确的判断通常需要长时间的学习才能修正过来，但对有些旅居人，也可能是终生无法矫正。不正确的知觉或认知评估，是跨文化沟通的主要障碍之一。第三，除了在情绪与认知评估的影响之外，文化震荡给当事人带来的一方面是紧张、焦虑、神经质与情绪过敏，另一方面是松弛、宽心等感觉的经验，对整个机体性表达的健全发展也没有帮助。第四，从社会行为方面来看，文化震荡可能给当事人带来行为不稳定的现象。总之，文化震荡具有负面影响的看法，主要是认为文化震荡的症状会导致所谓不正常的行为。

二、文化认同

自认归属于哪一个文化团体，对跨文化沟通具有强大的影响。尤其在跨文化适应的过程，面对着新文化的冲击，对自己的文化开始有了对比、审视，甚至怀疑的同时，必须决定是否接受地主国文化的认同。若认同了地主国的文化，是意味着对自己原有文化的丢失遗弃，还是仍然能够保存着自己原来的认同，在跨文化沟通的过程中，是旅居人无法回避的。

（一）认同的种类

认同可细分为自我认同、年龄认同、性别认同、种族认同、族裔认同、国家认同、区域认同等项目，但主要可归纳为三大类：文化认同、社会认同与自我认同。

文化认同指个人对一个特殊文化或族群所具有的归属感。文化归属感乃是经由社化的过程自然地产生。人一生下来之后，通常是没有选择性地，必须学习认识与接受自己族裔的语言、风俗习惯、宗教、价值观、饮食穿着、思想举止与社会结构等文化的内涵。自认是属于自己文化群的一分子。

社会认同是个人在一个文化内，因隶属于某个团体而形成的。只要个人能够接受团体成员共同认同的看法与关心之事，对该团体的归属感即因此产生。一个人同时可具有多种的社会归属感。

自我认同是对自己的看法，认为自己就是这种人或那种人的自我认知。个人间的自我认同，通常是不同的。自我认同是个人生活与生存的基本依靠，通常在沟通互动时，人们会有意识或无意识地表现出自我的认同。

（二）文化认同的形成

文化认同的形成通常经过三个阶段：未审的文化认同期、文化认同的搜索期与文化认同的完成期。

(1) 未审的文化认同期。人们在社化的过程，特别是小孩阶段，把父母、亲戚朋友、社会或报章媒体传递的讯息视为理所当然而完全加以接受，从未感到怀疑或提出挑战。既然视自己的文化为理所当然，自然无心或没有兴趣去了解文化的差异，看任何事情都是从自己文化的角度。因此，在这个阶段，很容易形成盲目的文化认知，并进而变成文化刻板印象与文化偏见。我族主义或文化褊狭就是在这种情况下产生的。

(2) 文化认同的搜索期。从个人成长的角度，当人们年龄到达某一个阶段的时候，会开始思考自己与周遭事物的关系。这种思考可能只是在加以比较对照之后，觉得自己的文化值得接受，自己的生活值得过，因此文化认同与自我认同，并未受到挑战或更新强化。这种思考也可能是一种批判性的思考；反省再反省，批判再批判，开始觉得自己与文化，甚至与自己格格不入。经此思考、比较、反省、批判的摸索过程，有可能重新体认自己与文化的认同，也可能给自己与文化的认同带来危机。这种情况在跨文化适应的过程中，尤其是文化震荡阶段，相当普遍。

(3) 文化认同的完成期。经历过前两期的无知与混淆的洗礼，在这个阶段，对自己与文化的认同，已经能够清晰而且有信心地加以肯定与接受。一个人的心智成长到这个阶段，意味着能防止刻板印象、歧视与偏见等负面的认知症状，同时具有面对来自他人的刻板印象、歧视与偏见的能力。这一个阶段的能力，为跨文化适应过程双文化适应期的基础。在其中能够学习滋养一种辩知自我多重认同与维系多种文化共存的新个性，达到“多重文化人”。多重文化人的特色是对自己文化有适当的认同，而且他们的世界观能够跨越本土文化的局限，表现出一种包容各种不同文化的心态。

（三）文化认同的特征

文化认同建立之后，它不仅像一面镜子，映照一个人的相貌、思想态度与行为举止，更提供人们一个解释自己与他人行为的架构。仔细观之，文化认同的特征可归纳为四项：自我认知的中枢、动态性、对比性与多面性。

（1）自我认知的中枢。文化认同是一个人对自我认知的最基本单位与控制中心，直接影响到自我认知的各个层面。由于成长在同一文化内，久而久之，对该文化的一切便习以为然，文化认同也就安而无事，秘而不显。当环境改变时，尤其是与不同团体或文化人们互动时，文化认同的组成要素，马上会活跃起来。这个时候很可能多种的认同，同时活动起来。

文化认同的显现，基本上虽然表现在个人、关系间与群体间三个形式上，它的启动乃是由自我声明或他人归因所导致。自我声明式认同完全是自我认知的外显。他人归因指一个人的认同，乃是别人认为他是什么，他就自认为是什么而形成的。但不论是自我声明或他人归因的自我或文化认同，它们同是自我认知的主要中枢。

（2）动态性。由于文化本身就具有动态性，一个人既是文化的产物，对文化的认同必然也具动态性。随着个人与经验的增长，文化的认同也随时在变迁，在同一文化内，这种变迁常常是在无意识的情况下进行，在不同文化的情况下，因彼此的差异性明显地升高，文化认同的变化更常在有意识下，甚至心理冲突的情况下发生。文化认同的变迁，可能导致正面的结果，也可能导致扭曲的结果。跨文化适应最后达到的双文化或多文化认同，可以说是正面的结果。文化认同的变迁，在不同情境会有不同的鲜明度，在不同的时间内也会产生不同的强度。文化认同的强度，指对认同投入或投资的多寡。

（3）对比性。文化认同的建立是经由集体意识的运作来制造意义的过程，它是一种团体意识的表现。因此社区的意识是文化认同的基础。文化认同的表现，正是这种团体或社区意识对比的情况之下，显现出来的。

(4) 多面性。文化认同的多面性表现在认同种类的多样化与多层次的元素。在跨文化适应的过程中，一个成功的旅居者，能够在不同文化认同间，悠游自如。文化认同的多层次性，表现在情感、认知和行为三方面。首先，人对认同都会有感情的投入。感情的变化依情况而定，在某些情况，例如，在跨文化适应的危机期，人们会强烈地宣称自己的文化认同，以确保心理的平衡。其次，在认知方面，关系到人们对认同的理解与信仰。每个人对自己文化的认同，通常具有一定程度的了解与信仰。具有不同文化认同的人们，可能会有相同信仰的时候。最后，文化认同的行为层次，表现在语言与非语言的交换过程。一个人之所以成为团体的一分子，就是经由语言与非语言的互动，达到彼此了解与互信后而形成的。因此研究一个群体的语言与非语言的互动形态，可以进而得知该群体的文化认同。

三、跨文化适应研究的理论与模式

因为跨文化适应的结果直接影响到旅居人在地主国求学、做生意、移民生活或较长期性旅游的成败，其重要性自不可言喻，因此研究这个主题的传播、人类或社会学者颇多，对跨文化适应这个概念的研究所提出来的理论或模式，在量方面也相对增加。综观已经出版的论述，我们可以把跨文化适应研究的理论或模式，概括性地分为三大类：跨文化适应阶段论、跨文化适应的心理冲击论以及跨文化适应技巧论。

（一）跨文化适应阶段论

早期跨文化适应的研究，基本上把跨文化适应当作是一种阶段性的过程。跨文化适应阶段论，虽然频遭当代学者批评为失之过简或流于僵化，它们对后来跨文化适应的研究，却具有引导的作用，而且贡献很大。其中以最早的U一曲线模式最具代表性，这个模式已成跨文化适应研究的经典作。之后延续U一曲线模式研究方向的重要著作，有转换震荡五阶段论、跨文化适应的感情四阶段论、转化学习模式与跨文化适应的六阶段论。

1. U一曲线模式

学习适应美国文化过程，可划分为三个阶段：初始期、寂寞期与复原期。这三个阶段可以用U一曲线模式来表示，从开始的新鲜感到满意度的下降，再到情绪复原的阶段。

这三个文化适应阶段，后来在研究与改良之后，把这些学者的研究综合起来，一个较完整的U一曲线跨文化适应模式，应该包括四个阶段：蜜月期、危机期、复原期与双文化适应期。

（1）蜜月期。跨文化适应的最初阶段叫作蜜月期，又称为初期陶醉期或神魂颠倒期。当一个人初入新文化的时候，内心充满着兴奋之情，所闻所见满是新鲜感。

（2）危机期。危机期又称挫折期或敌对期。蜜月期一过，马上得面对现实，弄得心理压力大如泰山压顶。天天必须面对新文化的挑战，蜜月期的好奇心，一下子被文化差异所产生的迷惑、失序与挫折感取代了。严格说来，这一阶段就是文化震荡的代表期。文化震荡的各种症状陆续在这个阶段显现。在这个阶段，旅居人开始承受到不断涌至的差异感、疏离感以及对新环境的不适感，然后优越感油然而生。优越感一产生，旅居人的个性很快就受到挑战，自我的认同也开始出了问题。旅居人若无法适当地解决这种症状，严重的沮丧或退缩会随之而来，在新环境的生活，可能因此瘫痪，分崩离析。这个阶段会持续多久，学者间也没有一个定论。依旅居人个性的不同、文化的差异以及旅居的性质，有些人能幸运地在短时间内，逐渐适应了新环境；另外一些不幸的人，可能受不了文化震荡的攻击，一直生活在新社会的最底层，或精神分裂错乱，或学业、生意、工作失败，或半途而废，中途遣返原居地。

（3）复原期。复原期又称逐渐改善期或逐渐适应期。对异文化适应所努力付出的时间与精力，成果慢慢地在这个阶段显现。除非是在文化震荡的过程中成了牺牲品，一般人大致上能够经由学习，逐渐地接受了地主国言行举止的规则，慢慢地调适自己，配合新环境的要求。研究发现，在复原期，旅居者开始发觉地主国文化的可贵，感激与尊重新文化与自己文化之间的差异，并且开始发展了文化敏觉的能力。

适应过程一步一步改善后，到了一定的程度，旅居者重新拾回信心，心情逐渐开朗轻松起来，幽默感开始回现，对地主国文化好与不好两面，也能平心面对。很明显地，这是为人处世的一种个人弹性能力的发展，不再需要依赖自己文化线索的协助，即能继续在新环境下存活。

2. 双文化适应期

双文化适应期也称为完全适应期或熟练期。经过多年的学习，尝试再尝试，总算媳妇熬成婆，适应技巧业已娴熟，浮游在异乡与自己故乡海洋，感觉上已没有太大的差异，也就是已经习惯了两种不同文化的生活方式。当然，如同活在自己文化一样，日常生活难免得碰到困难或烦恼扰心之事，但到达这个熟练期的阶段所习得的能力，能够在短时间之内，妥善地应付偶尔出现的焦虑与挫折感。

这个阶段主要的特色在于旅居人的态度与行为上，已经摆脱了原来文化的纠缠。换句话说，就是发展了独立自主的功力，展现了双重认同的能力，比较文化差异的美感欣赏力，建立满意人际关系的能力与对文化产生高度的承诺力。

3. 转换震荡五阶段模式

U一曲线跨文化适应模式，没有把认同这个概念包括进去。他更进一步认为U一曲线模式只考虑到旅居人满意与时间两项因素，忽略了在每一个阶段，旅居人身心的转变。

把文化震荡当作是一种人们生活中，碰到重大改变事件的失序现象。他因此使用了变迁震荡来取代文化震荡。变迁震荡不仅包括因文化差异所产生误解而带来的焦虑感，更涵盖了个人生活过程的巨大变迁所带来的冲击。变迁震荡模式包含五个阶段：接触期、失衡期、重整期、自主期与独立期。

接触期和失衡期与U一曲线模式与前两个阶段无异。在接触期，旅居人的注意力通常集中在文化类似的部分，而忽略文化的差异，同时仍然活在自己文化的生活方式。因此事事新鲜好奇，无暇顾及或根本尚未感觉到文化的不同，对身心可能产生的震荡。到了第二阶段，文化的差异开始主导旅居人的生活，迷惑、失向、沮丧及疏离感等失衡现象陆续出现。这些就是文化震荡典型的负面症状。

重整期为第三阶段，提供了一个适应的转折点。在这个阶段，旅居人常会表现出强烈排拒地主国文化的态度和举止，敌视地主国的人们，并且动辄使用负面的刻板印象。处于这种混乱失序的情况，旅居人必须对是否愿意接受地主国文化做一个裁决，也就是必须决定继续活在失序的情况，或者往前迈进一步，跨入自主的阶段。

自主期意味着旅居人对地主国文化已经有了充分的理解，而且已经掌握了与地主国人互动的行为技巧。有些旅居人在几个月的时间，就能够达到这个阶段，并且有自信自诩为了解该文化的专家。

最后的独立期与U一曲线模式的双文化适应期类似。旅居人在这个阶段，能够对文化的异同引以为乐，适应的弹性已变得很娴熟，对与地主国人应对的行为取舍也自信满满。

转换震荡五阶段模式的特色，是把文化震荡当作是一种个人成长的内在过程（internal process），而不只是对地主国文化的回应而已。这点可以用来说明，为何每一个旅居人都有不同的对应方法。这个模式的另一个特色是，提供了旅居人一个选择往上爬升的机会，对个人的选择抱着乐观的态度。

但是转换震荡模式的特色，也正是它的缺点所在。这个模式似乎认定，任何处于无论是症状多么严重的文化震荡危机的旅居人，只要选择往前奋进，就可自然地跨越难关，完全适应异文化的生活。由于转换震荡五阶段模式的提出是建立在他个人的经验之上，没有实证研究的支持，因此可靠性仍然受到怀疑。

4. 跨文化适应的感情四阶段论

跨文化适应感情四阶段论，着重在旅居人内心受到文化震荡的冲击，经由感情高低起伏的变化，逐渐改善及慢慢适应地主国文化的个人成长过程。旅居人在跨文化适应的过程中，或多或少都得经历情绪与感情变化的四个阶段：疏离感、边缘化、濡化以及二元性。

（1）疏离感。在感到疏离感的阶段，旅居人内心会产生一股认同自己文化的强烈欲望。由于排斥地主国文化，参与地主国日常活动的机会必然减少，所认识的人相对地也不多，生活圈局限在几个认识的同事或同学而已。因此寻找与同文化的人们为伍，是社交满足感的唯一来源。在这个阶段，也因为缺乏适应地主国文化必备的技巧，而感到只有与自己的文化最相配，并且常常有想要返回故乡的冲动。

(2) 边缘化。边缘化这种情况不明的现象，旅居人对不知效忠哪一个文化感到困扰，对自我的认同也发生了不确定感。在社交关系方面，感到边缘化的旅居人，顶多只能与地主国人建立初级或表面性的联系。由于无法完全放弃母国文化的生活风俗习惯，结果弄得边缘化的旅居人，既无法感激与享受自己的文化，也无法感激与享受地主国的文化。

(3) 濡化。当旅居人对适应地主国的生活方式产生强烈需求的时候，濡化的现象也跟着出现。对地主国文化开始产生认同，意味着自己原来文化的重要性慢慢减低。能够不执着于自己原来的思想态度，入境随俗，与地主国人们建立深交的障碍自然减除。在这个阶段必须注意的是，过度急促地拥抱新环境，有可能引发挫折感与碰上障碍，这对跨文化的适应不见得有帮助。

5. 二元性

最后是文化二元性期，这个阶段类似U一曲线模式的完全适应期。文化二元性代表旅居人虽然生活在异乡，但已经培养了可以同时调适母文化与客居文化的能力，并能进一步发展出一种自主性与独立于两个不同文化的成就感。这种适应弹性的能力，提供了旅居人克服文化对立的新技巧，整合了新的与既有的信仰和行为成规。为了持续的成长与建立持续性，旅居人必须在这个阶段一直保持着一颗开放的心灵与思想行为的弹性。

6. 转化学习模式

转化学习模式认为，旅居人在新环境居住一段时间之后，自我转化是一个不可避免的经验。跨文化适应乃是旅居人经由沟通活动，一步一步学习如何把自己从一个新鲜人或“菜鸟”，转化成一只玲珑自如的“老鸟”的过程。以转化学习理论与跨文化转化理论为基础，发展出了转化学习模式，用于解释跨文化适应的过程。

转化学习模式特别留意旅居人如何解释他们生活的经验，以进一步习得了解、感激、尊敬与接受地主国文化的过程。这个转化学习的过程，包括三个阶段：转变的前提、过程与结果。

转变的前提指作为转化催化剂的文化震荡。因为有了文化震荡，旅居人才会在面对文化差异的时候，试图矫正内心的失衡现象。这种重新获取内在平衡的努力，就是个人在跨文化适应的过程，自我转化与成长的前提。转化十阶段可以解释跨文化适应的转化过程：①失向的困境；②带有罪恶感或耻感的自我检视；③对知识的、社会文化的与心理的假定（assumption）做批判性地评估；④体认自己的不满经验与转化过程，乃是他人在谈判类似转变的共有的现象；⑤探索新角色、关系、与行动的可能选项；⑥准备行动的方针；⑦寻求实行计划的知识与技巧；⑧对新角色暂时性的采用；⑨在新角色与关系上，建立自信与能力；⑩以新的面向为基础，重新整合（reintegration）自己的生活。

这十个阶段之中，第一阶段的失向困境，代表旅居人受到文化震荡后，开始产生转化的前提。第九和第十阶段，代表了跨文化适应的转化的结果。第二到第八阶段，可以与其他阶段模式并论。这个模式的局限性，是把学习过程视为跨文化适应的普世模式，十足反映了西方文化那种自主与自导的世界观。不过，它的优点是强调，经过百折不挠地努力，旅居人在情感、认知与行为上，都会因此有了成长，而终究导致改变转化的结果。

（二）跨文化适应的六阶段论

跨文化适应的六阶段论是跨文化适应阶段论中最为完整的一个模式。这个模式的特色是把跨文化适应过程，延伸到旅居异文化之前与适应地主国文化之后，回到母国文化适应的情形。六个阶段包括：预备期、旁观期、参与期、震荡期、适应期与返乡期。

跨文化适应预备期指当事人尚未出国前，在国内从事准备的过程。是学生计划留学美国的话，参与补习加强美语的能力；准备托福（TOEFL）、研究院入学测验（GRE）或管理学院入学测验（GMAT）等必要的考试；收集学校资料，索取入学表格，填寄奖学金申请书，请老师写介绍函与护照、签证等事宜，忙得不可开交。若是被公司派往国外，可能还得考虑是否全家同时前往，孩子适应问题，在国外公司的性质及成员的结构等令人烦恼的事情。

旁观期类似U一曲线模式的蜜月期；参与期与震荡期合起来，就是U一曲线模式危机期；适应期则是双文化适应期。

该模式的特色是增添了返乡期。在另一个文化适应了以后，回到了自己的国土，突然发觉必须从头适应起自己的文化。换句话说，对自己的文化竟然也产生了与当初到达新文化时一样的文化震荡。这种来自母文化的休克现象，称作返乡震荡或逆向文化震荡。返乡震荡的症状与文化震荡没有两样。

（三）跨文化适应的心理失衡论

跨文化适应研究的第二组理论，把文化震荡当作是一种心智健康的失序来处理。这方面的研究很多，探讨的角度也多样化，但大致上有一个共识，就是不把文化震荡看成是缺乏行为技能所致。换句话说，像语言技巧对消除文化震荡冲击的助益并不大。文化震荡是旅居人价值观的遗失或与地主国文化产生矛盾时所引发的心理疾病。这组理论中，值得探讨的包括跨文化适应的悲叹论、跨文化适应的宿命论以及跨文化适应的训练与治疗。

（四）跨文化适应的悲叹论

综合比较先前跨文化适应的著作，发觉悲叹论盛行于20世纪60年代后期。跨文化适应悲叹论认为，旅居人适应的时候，与生活在对失去的文化感到哀悼的情况无异。主要症状有沮丧、寂寞、疏离或感到不属于这个世界似的等因巨大损失引起的心理问题。

可以把跨文化适应悲叹论的研究，延伸到返乡震荡或逆向文化震荡的领域。发现旅居人回国之后，自己文化引起的震荡所产生的心理冲击比当初客居文化的影响更大，因此导致的哀伤与悲叹，有过之而无不及。因为返乡后，发现所丢失的文化不仅是自己的母文化，现在连已经适应了的客居文化也得抛弃。双重损失带来双重的打击，心理承受的压力自然是重如泰山。

跨文化适应悲叹论的分析颇有道理，但问题在于，并不是所有旅居人都会经历这种悲伤沮丧的阶段。有些从水深火热的环境逃难出来的移民，可能把地主国当成天堂，何苦之有？因此跨文化适应悲叹论有其局限性。

（五）跨文化适应的宿命论

综合比较先前跨文化适应的著作，可以发现跨文化适应的宿命论相对于把跨文化适应的成功归诸于拥有一套行为技巧，宿命论主张跨文化适应的成功与否，受制于像他人、运气或命中注定等外在因素。这种命运不操之在我的悲观态度，常给旅居人带来不健全的应对方法与重大的心理痛苦。

根据这个理论的说法，因为有些文化本来就具有浓厚的宿命观，因此，来自这些文化的旅居人在跨文化适应的过程中，失败率必然高于其他文化。由于学者一直无法经由实证研究证明宿命论与适应成败的关系，这个理论到了 20 世纪 80 年代中期，也已失去其魅力。

四、跨文化训练

跨文化适应的成功与否，取决于旅居人对地主国文化的了解，与沟通和行为等技巧的熟练。也就是具有沟通的胜任度或能力。这种互动的能力，并非与生俱来或一蹴而就的，必须经由一段教育与学习的过程，才能慢慢习得。在跨文化交际的领域，包括国际间传播、种族间传播与少数民族间传播等次领域，跨文化训练是用来帮助个人达到沟通胜任度或能力，最实际与最常用的方法。以下就来讨论跨文化训练的目的与各种方法。

（一）跨文化训练的目的

综合了以往的研究，跨文化训练的主要目的可以归纳为三项：①认知上改变个人的思想；②情感上改变个人感情的反应；③行为上改变个人的思想。

（1）认知方面。跨文化训练在认知方面，试图改变参与者的思想，以达到四项目标：①能够从地主国的角度来理解地主国人的思想行为；②减少对地主国负面的刻板印象；③改变对其他文化过度简化的思考方式，并进一步发展出一套较完整与复杂的系统以资对其他文化有更深入地了解；④在较长期的跨文化训练中，能够让受训的人进一步深入地了解自己的文化。

（2）情感方面。跨文化训练在情感方面，试图改变参与者在与地主国人互动时，建立正面性的感情。这包括五种改变：①培养一种欣然（enjoy）与不同文化的人们互动的心情；②能够驱除与不同文化人们互动时的焦虑感；③发展出能够与不同文化人们建立工作关系的感受；④能够喜欢给指派的海外责任；⑤能够容忍、欣赏，甚至接受文化差异的心态。

（3）行为方面。跨文化训练在行为方面，试图改变参与者的行为举止，以便有足够的能力与来自不同文化的人们，建立人际间关系、增强工作表现、日常生活的互动等以行为为基础的表现。其中项目包括：①能够在多文化的团队里，与队员建立良好的人际关系；②能够适应在地主国每天承受的压力；③能够发展出良好工作表现的能力；④能够发展出让地主国人感到你沟通无碍的能力；⑤能够协助他人达到与地主国人建立良好关系的能力。

（二）跨文化训练的方法

跨文化训练的方法可分为训练的模式与训练的特殊性的技术。前者侧重跨文化训练方法一般性的原则，后者是在跨文化训练过程中，可以直接操作以达到不同模式所提出的目标。

1. 跨文化训练的模式

从20世纪70年代后期，就有不少学者开始投入跨文化训练的研究与应用。综合各家的论述，人们可以归纳出六种比较普遍的跨文化训练的模式：教学模式、模拟模式、自知之明模式、文化理解模式、行为模式与互动模式。

（1）教学模式。跨文化训练的教学模式又称为“知识模式”或“大学模式”。这个模式大概是所有跨文化训练的模式中，最简便易行的方法。如同在教室上课一样，受训人经由聆听的过程，接受老师或训练者的教导。这个模式主要侧重在认知能力的强化，使受训人能够了解一个文化的价值观、风俗民情、地理历史、社会结构以及思想举止等。经由解说、看影片、阅读和其他教学方法的互用，基本上对另一文化的了解，都能达到一个满意的结果。这个模式虽然方便省事，而且对文化知识的灌输具有很大的效力，但是它的主要缺点在于教室所学与实际环境之间，毕竟有一段不小的差距。换句话说，能知未必能行，这使得这个模式有闭门造车之嫌。因此有必要配合其他模式，以达理论与实际的整合。

（2）模拟模式。跨文化训练的模拟模式是针对改善教学模式的缺点而成立的。建立一个与某一文化类似的模拟环境，然后要求受训人在感情上必须投入，以便在这个模拟的环境中获取生活与沟通的经验。这个模式的基本论点是，只要受训人在这个模拟某个文化的环境生活过，他们自然会学习到一组新的行为方法与解决问题的能力，使他们能够较容易地度过跨文化适应的过程。这个模式通常鼓励受训人多与即将客居的文化的家庭和人们从事沟通活动，并尽量经验模拟环境内客居文化环境的各种变数。经由这种尝试与错误的学习过程，受训人慢慢地能够减除适应的焦虑与挫折感。这个模式具有四项特色：①受训人是整个训练的焦点，而不是教导的人；②受训人在训练的过程中，必须对自己的行为负责；③重视习得解决问题的能力，而非文化知识的传授；④教导受训人从互动的过程来学习跨文化的适应。这个模式的缺点则有二。第一，要模拟一个完全类似的文化环境，几乎是不可能的事。不适当的模拟环境，很可能给受训人到达客异国之后，带来更多的麻烦。第二，这个模式的训练通常只持续一天或几个星期。这种时间的限制，受训人不太可能对客居文化有足够的认识。因此，教学模式与模拟模式合用，似乎是比较可行的方法。

（3）自知之明模式。跨文化训练的自知之明模式认为，能够了解自己，是跨文化适应成功的基础。自知之明是敏觉力的发挥，敏觉力强的人，对周遭的洞察力比较深刻。因此，这个模式旨在训练参与者能够洞察到别人的行为与表达的线索，而引导自己行使适当互动的能力。换句话说，这个模式的目的在增强受训了解人群互动的心理势力与自己如何影响别人行为的过程。虽然自知之明有助于跨文化的沟通，但是这种侧重个人心理内在运作过程的训练，能否真正应对跨文化沟通时所掺入的复杂与多样化的因素，实在值得怀疑。另外，自知之明模式也没有提供像教学模式一样的超越了自我以获取他人文化知识的能力，而且对跨文化沟通所需的行为方面的技巧，也付诸缺如。

（4）文化理解模式。跨文化训练的文化理解模式的理论与自知之明模式恰恰相反，着重在文化知识的灌输，而非有关个人的了解。这个文化知识，包括受训人自己与其他文化。也就是说，要能有效地与不同文化的人们沟通，人们首先必须了解自己与对方的文化价值观、风俗习惯与各种社会系统。这个模式主张了解自己的文化是了解他人文化的基础。这个模式又认为，除非了解了人们自我的文化认同，只是众多认同的其中一个，人们很可能产生过度的我族中心主义的毛病，自视过高，认为比他族人优越。这个模式与教学模式最大的不同在于它对文化的了解，采取了通则文化法，而非特殊文化法。前者不侧重在某一个文化的了解，把文化当作是一个普遍的概念加以研究。受训人习得文化的普遍知识后，必须更进一步应用到客居文化的环境才行。这个模式同时也要求受训人经由这种训练后，在感情上对文化的差异应该建立起必要的容忍性。文化理解模式具有坚强的理论背景，因此广受采用。不过，要把文化普遍性的知识，应用到一个特殊的文化并非易事，而且可能会有阴错阳差的现象。如果训练时所使用的内容只注重西方文化或东方文化，这个阴错阳差的问题将更加严重。还有，当事人在做文化比较与对照的时候，有可能会避重就轻，忽略了文化间的相同部分，而夸大了彼此间的差异。

（5）行为模式。跨文化训练的行为模式认为，只要学会了地主国人的行为技巧，对该文化的适应就能得心应手。因此，这个模式的主要目的，在于教导受训人某个特殊文化的一组行为技巧。要达到这个训练模式的目的，负责训练的人员，必须事先模拟出适合于该文化的举止行为，然后让受训人在一个模拟的情况下，学习这些适当的文化行为。一般认为，经由这个训练的过程，受训人可以减除与地主国人互动时，因状况不明而产生的焦虑感。虽然行为模式的训练注重明显问题的解决，而且训练的内容与设计通常清晰明了，但还是具有三项可能的缺点：第一，这个模式给提供训练者带来很大的压力。因为训练者必须对某个文化有深入地了解，而且能够从中提炼出代表该文化的适当行为。第二，目前还没有足够的研究显示，了解某个文化的行为，能真正帮助旅居人的跨文化适应。第三，专注在一组行为的做法，显然忽略了文化的动态性。以文化这么复杂的一个概念而言，要把它浓缩到一组可以经由训练即可获得的行为技巧，似乎是不切实际的期待。

（6）互动模式。跨文化训练的互动模式要求受训人直接与来自地主国的人们沟通互动，因为这个模式认为，在训练时经历过与地主国人面对面的沟通，受训人将会对在客居国居住或工作时感到舒适。在这种经验式的学习过程中，受训人同时必须了解地主国的文化系统与适当的行为形态。互动模式在大学校园甚为普遍，通常是使用工作坊的方式，邀请在校就读的外籍学生参与，给受训人提供一个面对面互动的机会。这个模式的最大优点是，来自地主国的人们，比起训练者更能够提供他们国家正确与较完整的文化讯息和行为形态。缺点是来自地主国的人们，很可能把自己的文化理想化，或不愿表达文化负面的部分，给受训人带来负面的影响。

这些跨文化训练的模式各有其优点与缺点，它们之间在理念上，也或多或少有重复之处。基本上，要达到真正能够帮助旅居人的跨文化适应，根据训练的性质与目的，同时采用两种以上的模式以相辅相成，是比较可行的方式。

2．跨文化训练的特殊技术

跨文化训练的特殊性技术指训练时直接用以操作，以达到不同模式所提出的目标的方法。几种常用的特殊性技术包括：角色扮演、个案研究、紧要事件、文化同化案件与模拟法。

（1）角色扮演。角色扮演要求受训人像演员一样，扮演一个模拟实际生活行为的角色。角色扮演的目的，在于让受训人经由模拟的过程，面对与试着解决客居国生活上可能碰上的问题。这个方法最大的优点是把受训人从旁观者的身份变成参与者，使他们能够在一个模拟的客居国环境里，亲身尝试生活在另一个文化的感受。在跨文化训练里，角色扮演的方法可以用来达到几个特殊性的目的：①练习与学习跨文化沟通的技巧；②练习如何在一个特殊环境里解决问题；③探索在模拟情况下的反应与感觉；④鼓励与提升受训人的参与感；⑤帮助受训人较深入地了解不同文化人们的思想与行为形态。

（2）个案研究。个案研究法是对复杂文化事件的描述。个案研究里所描述的事件，在实际生活中虽然很少会真正地发生，但是与个案描述类似的事件，在生活中却层出不穷。因此个案研究法近似实际生活的事件描述，提供了受训人一个有效分析与解决问题的好机会。换句话说，一个好的个案研究具有让受训人思考、分析、讨论、诊断与提出解决方法的潜力，通常必须具备以下六个要素：①描述一个与实际生活很相近的特殊情况；②注重经验感，也就是在讨论个案的时候，集中在实际的情况，让受训人有真正投入的感觉；③强调特殊，而非广泛性的情况；④在分析个案的时候，须尽量让受训人变成一个决策者；⑤个案的讨论必须有适当的时间限制；⑥能够促使受训人玩味重要的跨文化问题。

（3）紧要事件。紧要事件可以说是短小精悍的个案研究。因为个案研究处理复杂性的文化事件，同时提出较多的讨论问题，试图把受训人对客居文化的了解提到最上限，操作起来比较费时费事，因此在跨文化训练中，紧要事件法有时反而更受欢迎。紧要事件必须建立在实际跨文化生活经验的例子上。事件的描述也必须建立在因文化的差异所产生的具有争论性或冲突性的部分，以激励受训人的讨论。

（4）文化同化案件。文化同化案件是紧要事件法的延伸。除了包括一个紧要事件之外，文化同化案件提供了解答案件中那个问题的四到五个可能性的答案。这些答案没有一个是完全错误的，每个答案都可以或多或少，用来解答有关案件里所描述的某个特殊文化的问题。不过，这些答案中只有一个是最理想、最具有代表性的。文化同化案件也必须提供为什么答案不是最好或最具代表性的解释。对最理想的那个答案，也必须以长一点的篇幅说明原因。文化同化案件与紧要事件法对客居文化的了解有很大的帮助。文化同化案件法对受训人自己文化的了解也很有助益。因为做文化同化案件时，可以从自己文化的角度来回答哪个问题，再与从客居文化的角度回答该问题一起比较，双方文化的差异顿时出现。这对认知投射雷同毛病的矫正，有很好的效果。认知投射雷同指一般人通常认为所有其他人，不管来自那个文化，都和他一样的认知症状。一个好的文化同化案件，对受训人有以下五种作用：①发展移情（empathy；也译作神入、换位思考）的技巧；②学习在做决策之前，先考虑对方的想法与感觉的能力；③得知解决问题的方法其实不止一种；④了解自己有碍跨文化沟通的刻板印象和偏见；⑤察觉不同文化之间的异同。

（5）模拟。模拟训练法既可以是一种模式，也可以用于特殊性的训练技术。模拟训练法虽费时费事，但仍是跨文化训练中，经验学习法里最有力量的方法之一。模拟训练法主要教导受训人有关文化的基本事实与特征。它给受训人提供了在模拟情况下一个观察和与不同文化人们互动的机会与经验，并产生一种与在实际环境下的相同感受。模拟训练法旨在达成五个目的：①增加受训人对自己与客居文化的理解；②了解在新文化适应过程可能遭受到的问题；③鼓舞对文化差异之有意义的讨论；④让受训人可以在一个没有胁迫性的情况下，实习一个新的角色与表达自己；⑤直接把受训人在感情上拉入模拟的情况，并借此习得跨文化沟通的原则。

第四章　跨文化交际中的语用策略解读

随着全球化进程的加速，世界各国人民之间的交往日益深入，不同文化背景的人们之间的交际越来越多，跨文化交际能力越来越受到重视，跨文化语用学也逐渐发展起来，成为跨文化交际和语用学交叉发展起来的一门新学科。本章重点对跨文化交际的语用问题进行研究，对汉语教学中反问句类的语用否定与跨文化语用策略、汉语表扬语与鼓励语的跨文化语用策略进行分析。

第一节　跨文化交际的语用问题研究

跨文化交际需要通过语言沟通形式进行表现，语言是实现跨文化交际的重要方式。交际者如果在跨文化交际中出现语用的错误，会在交际过程中产生冲突，导致交际失败，严重时会造成国际纠纷。为了确保文化交际的成功，我们要不断探讨研究各类语用言语行为，尽量减少或避免语用的失误。

一、跨文化语用学概念

语用学属于语言学分支学科，兴起于西方。语言由句法、语义和语用组成，语用学探讨的是在上下文中，语言使用所发挥的效果以及语言符号和语言使用者之间存在的关联。把语用学和其他学科相结合，则会产生跨文化语用学、社会语用学等。

在交际过程中，非母语或不同国家和民族交际者使用的同一种母语，被称为跨文化交际语。社会文化的语用研究、言语行为的语用研究、语际语言的语用研究以及对比语用研究，都是跨文化语用学的研究内容。

二、跨文化交际中语用失误类型及成因

跨文化交际活动不仅属于文化活动，也属于语言活动。在交际活动过程中，如果对所在交际方国家缺乏一定的认识和了解，很容易产生语用失误，给交际带来障碍，会让对方产生误解，严重时可能会发生冲突。语言和文化都会造成跨文化交际中的语用失误，这是由多种因素引起。在进行跨文化交际时，外语学习者在语义和语法方面造成的失误，可以得到交际者的宽容，但语用错误很难得到谅解。[①]

在交际过程中，交际者可能没有发生语义和语法上的错误，但忽略了交际的场合、背景、人员等，对对方独特的文化价值观缺乏了解，或者提到了对方的禁忌，造成语用上的失误，中断了双方的交际行为，导致跨文化交际没有得到应有效果。

语言语用和社会语用的失误，都属于跨文化交际的语用失误。

（一）语言语用失误

语言本身的失误是语言语用失误，这种失误主要由于交际者习惯使用自身母语的表达方式或交际者使用的目的语，与对方的语言习惯相悖所造成。词汇和语法上的失误造成语言语用的失误。这种失误的主要成因是：交际者缺乏对对方母语语言习惯的了解，习惯套用自身母语，经常按照自身母语的表达方式与交际方进行交际，这样很容易造成语用迁移。交际双方如果有着相似的文化和语言，那么语用会产生正迁移，这不会让交际产生问题。但是，如果双方存在较大的文化和语言差异，套用母语则会导致语言语用的失误。要避免这种失误，要求交际者对目的语的语法和语音进行熟练掌握，在与对方进行交流时，使用得体、正确的目的语。

（二）社会语用失误

交际者若是缺乏对对方社会文化、社会距离、社会规则以及价值观、禁忌语的了解，会造成社会语用的失误。这种失误的主要成因是由于交际双方存在不同社会文化。语言与文化息息相关，因此在进行

---

① 张慧．跨文化交际的语用问题研究［J］．现代交际，2018（05）：91－92．

跨文化交际时，不能忽略母语与目的语之间存在的文化差异。语用失误会带来极大的负面影响，因为其与各个国家的文化禁忌和个人隐私息息相关，人们不会轻易原谅语用失误。①

（1）文化差异是引起社会语用失误的首要原因。个别词汇可能是有些国家独有的文化，需要了解目的语的文化特征，在进行交际时，选择与目的语文化相同的词汇进行交流，不要套用自身母语。交际双方在伦理道德、思维方式、风俗习惯和价值观上，由于不同的文化背景而存在巨大差异。在跨文化交际时，交际双方如果在这些方面站在自身角度进行交流，会造成社会语用的冲突。

（2）对对方的民俗习惯、传统观念缺乏了解。每个民族都有自己的民风民俗，他们坚守着自己的风俗习惯并对此有着深厚的感情。传统观念则是人们生活在自己的文化区域内所形成的固有信念。不同的文化区域有着不同的传统观念和民风民俗。在交际过程中，如果对对方的传统观念和价值观缺乏一定了解，则可能会误解对方所表达的意思，从而造成语用上的失误。

（3）对对方禁忌和风俗习惯缺乏了解。风俗习惯和禁忌属于跨文化交际中较为敏感的部分，交际失误很多都是由于缺乏对对方的禁忌和风俗习惯了解而产生。例如，日本认为 4 和 9 两个数字是不吉利的，因为 9 的发音接近于“苦”，4 的发音接近于“死”；西方则认为 13 这个数字是不吉利的。②

（4）第二语言会受到母语的干扰。在跨文化交际中，交际者由于受到自己民族文化的影响，会在使用第二语言时产生干扰，这时语用的负迁移也会随之产生。负迁移会随着交际双方文化差异的增大而增强，造成越来越多的语用失误。

---

① 龙梅芬．跨文化语用学视角下的语用失误探析［J］．宏观经济管理，2017（S1）：109－110.

② 黄芳，庄朝蓉．跨文化交际中的语用失误及其在英语教学中的应对策略研究［J］．四川省干部函授学院学报，2017（04）：101－103.

三、如何减少跨文化交际的语用失误问题

只有对语用失误进行认真分析，查找到出现失误的原因，才能在跨文化交际中减少语用失误，令交际者的语言运用能力不断得到提升，从而实现交际的预期目的。

（一）提高跨文化交际者的素质，减少语言语用失误

之所以会在交际中出现失误，除了在语用时存在疏忽大意的情况，另外一个原因是交际者不具备足够的素质。因此，要减少交际中语用失误的出现概率，首先要做的是提高交际者的基础语言素质。不论是在工作中还是日常生活，都要注意学习和积累目标语国家语言及语法的使用技巧及习惯，了解和掌握一些语言方面的基础知识，将目的语同母语进行比较，分析其中的共同之处和不同之处，将因母语引起的干扰，也就是负迁移降低，才能有效减少交际中的语用失误。

（二）把语言语用与文化教学结合起来

（1）让交际者尽快适应目的语的文化特点。语言的学习者需要在短时间内，从母语的使用切换成目的语的使用，同时从熟悉本国或本民族的文化风俗转而适应另一种民族的文化背景，交际者对目的语文化背景和语境的适应速度越快，语用失误产生的概率就越低。

跨文化交际实际上是了解目的语，适应目的语文化的一种过程。学习者需要在最短的时间内进入相应的角色中，将语用失误量减到最少，才能更快地进入角色，达到交际的预期目的。①

（2）在进行语言学习的过程中，只是闭门造车，一味地学习词句、语法，并不能收到效果，而是要尽可能多地了解目的语国的风俗以及文化。一个人是否具备较强的跨文化交际能力，不仅要看其是否能够正确使用目的语的词句、语法，更重要的是要在语言以及行为上展现出得体性。因此，只有切实提升交际者的文化素养，才可以在跨文化的交际中展现出较强的能力。因为在交际过程中，对一种语言加以正

① 陈晓兰．跨文化交际中和谐关系构建的语用策略应用［J］．广东海洋大学学报，2017，37（02）：95—100．

确运用，首先要了解这种语言所使用时，必须遵守的文化以及社会规约。要在跨文化交际中避免出现失误，要充分了解这种语言及语境的风俗习惯以及各种禁忌，这样才能保证交际的顺利进行。

（3）在跨文化交际过程中，要遵循这种语言中通用的语用原则。在与他人进行交际时，要特别遵循礼貌原则以及合作原则，这样才能保证跨文化交际的顺利进行。

我们已经进入一个全球化时代，国际间跨文化的交流与交往日益频繁与密切。在此过程中，若出现语用失误，则会对跨文化交际产生负面影响。所以，我们要对语用失误进行研究和总结，在实际运用中，减少失误的出现。只有这样，具有不同文化背景的交际者才能更加方便地了解对方，更加顺利地实现交流。

从事跨文化交际的人，需要提升自身的基本素质，适应目的语国的文化，增强跨文化语言运用和交际能力，尽可能少受母语的负迁移影响，避免或减少交际过程中出现各种语用失误，令交际者跨文化交际的成功率得到提升。

第二节　汉语教学中反问句类的语用否定与跨文化语用策略分析

人们在人际交往中，为了保持和维护良好的人际关系，一般都要采取适当得体的言语行为和礼貌合作的语用原则。这是人类共同的意识和规范，只是在不同语言中的表现形式有所不同。在汉语口语中，有这样一种现象，在表达否定义时却很少用否定词“不”“不对”“没”等，而代之以“怎么”“什么”“哪儿”这样一些疑问词，抑或是使用反问句。虽不止一个“不”字，但其所表达的否定语义或语气并不弱，有时比有“不”和“没”的陈述句表达怀疑否定的语气更为强烈。

一、“语用否定”术语的界定

“语用否定”不仅是语用学、语言学，也是跨文化交际学研究中的重要课题之一，20 世纪 90 年代随着语用研究在中国的兴起而受到重视。1993 年，由沈家煊先生最早使用“语用否定”这一术语，随后形成了两派观点，即“非真值条件”派和“无否定词”派。以沈家煊为代表的“非真值条件”派认为：语用否定不是否定句子的真值条件，而是否定话语的适宜条件，包括语音和语法上的错误等；是一种外部否定，一种标记否定，其否定内容大多是会话含意或者预设。而“无否定词”派的“语用否定”相对简单，即在形式上不能含有否定词。已有人开始研究这种情况，主张把以肯定形式表示否定意义的句子命名为“隐性否定句”或“隐性否定式”。这种说法对于外国留学生来说过于抽象难解。“隐性否定句”范围太广，既包括语义否定，也包括语用否定。

以往关于语用否定类型的划分往往是从否定的对象出发进行区别的，如元语否定就以否定“违背量的准则”“语序”“预设”“风格色彩”等带来的隐含义，或者“适宜条件”进行分类。这样的分类有一定的积极意义，主要是表明了否定想要否定的话语意义的来源。但存在的问题是除了范围过于狭窄，既无法包括语用否定的多数基本形式，也不能从形式上有明显的标志，不利于识别和实际的教学与运用。任何一类话语，除了在意义上有交集之外，在形式上也会有其共同的规则。语言中的具体形式以及从形式中抽象出来的规则是为表现意义服务的，在语言规则形成以后，就可以利用它来表达一定的意义，成为表达所需的手段。同时，这些规则也会对意义形式进行制约。无序的、没有规律可循的话语形式不利于交际。从这些形式和规则出发有助于对意义的理解和话语类型的划分。反问句用于语用否定要借助反问语气和句末的语调，有时还会加上一些“难道”之类的语气加强成分，反语是用特殊辞格表达语用否定，并且有逻辑重音；违背事实的假设句型通常会有“如果”“要是”等词语引领句子，或者在具体语境中可以补全这些成分：这些都是话语的形式标志，具有规律性。这些表达手段及其形式标志一方面具有区分和归类作用，另一方面是表达和理解意义的形式依托。

二、反问句类“语用否定”的功能含义

反问句是现代汉语中常见的语言形式，由于特殊的意义表达方式和强烈的修辞效果，在现实交际中反问句使用的情况较多。在语法研究中，反问句同样得到很多学者的关注，研究成果非常丰富。

（一）反问句能够表达否定意义

运用“反问句”来表达否定语义的情况在现实口语交际中屡见不鲜，使用频率甚至超过有标记否定句。反问句定义和性质的研究历史久远，而且观点多样：①反问实在是一种否定的方式，反问句里没有否定词，这句话的用意应在否定，反问句里有否定词，这句话的用意应在肯定；②反问语可以当作否定语用，这是很自然的道理，不过反问语的语意更重要了；③反问也是无疑而问，明知故问，又叫“激问”，书中进一步明确指出否定句用反问语气说出来表达肯定的内容，反之亦然；④陈述句和疑问句都可以加上反问语气构成反问句，反问句的特点是以否定形式加强肯定表述，以肯定形式加强否定表述。上述对反问句的定义和性质的分析有相似之处，也有差异。差异主要在于分析的角度和侧重点不同。但不可否认的是，这些观点都认为反问句可以表达否定意义，而且是用陈述句或疑问句的肯定形式来表达否定意义。

关于疑问与否定的关系，学者们也曾做出论述。假设句、是非问句、否定句是相通的，特指问与否定句的相通更加明显。这说明疑问和否定之间有互相转化的语义基础。还应该看到，疑问虽然与否定相通，但只是提供了一种转化的可能性，并不必然发生转化。也就是说，这种转化的潜质是疑问表达否定时在语义上的必然条件，而非充分条件。

真正帮助实现疑问与否定之间的语义转化的是反问语气，主要表现为句末的上升语调。反问句要借助反问语气表达语义，在疑问与否定相通的基础上加上反问语气，否定意义就会明显地表达出来。反问语气在否定意义的表达中起否定标记的作用，有无反问语气构成了有标记和无标记的对立，也就是否定与非否定的对立。

在有些文章中，不仅将反问句用肯定形式表达否定看作一种“否定”，而且用否定形式表达肯定也当作一种“否定”，即认为反问句都是表达否定的。这样的观点有其语义及逻辑基础，但认为，是否表达“否定”主要看反问句最终要呈现的话语意义，也就是吕叔湘先生所说的“用意应在否定”，而不是反问句话语意义的逻辑推理中体现的“否定之否定”的过程。因此，本节将研究的对象确定为“以肯定形式表达否定意义”的反问句。

（二）反问句表达否定意义属于“语用否定”

反问句表达否定意义不是一般的句法否定，而是“语用否定”。这种观点在一些论述“语用否定”的文章中有所提及。反问句表达否定时具备了语用否定的四个主要特征，是典型的语用否定。以下结合实例，分别说明反问句在这些语用否定特征上的具体表现，并分析其类型特点。举例说明如下：

例：“这……”我小心翼翼地说，“通过检查，发现李宁玉身上没藏情报……”

“……”老人家一阵冷笑，“什么检查？就你写的那种检查吗？那种检查能证明李宁玉身上没有藏情报？笑话！她身上可以藏情报的地方多着呢……”（麦家《风声》）

1．语境依赖性

“老人家”对“我”的判断连续用了三个反问句来做出反应。如果单独出现，这三个反问句都可以是一般疑问句，只是在询问不了解的情况。在“我”已明确告知所发生事情的情况下，“老人家”依然这样问，就显然不是简单的询问，而是反问，分别表达了“那不是检查”“你写的不算是检查”“那种检查不能证明李宁玉身上没有藏情报”的否定意义。这些反问句在表达否定意义时依赖的不仅有上下文语境，还有现实交际语境，即“老人家”知道关于情报检查的细节，而且认为“我”也应该知道这些情况，因为文中的“我”做情报工作已有很多年，已有相当丰富的经验。因此可以看出，反问句表达否定意义需要依赖语境，获知意义同样需要依赖语境。

2．否定标志

否定与肯定相比是有标记项，语用否定与一般否定相比是有标记项。反问句作为语用否定的一种类型同样属于有标记项，其具体的形式标志就是“反问语气”。上述的例句中，“什么检查?”一句中有疑问代词“什么”，句末还有表示疑问的标点符号“?”；“就是你写的那种检查吗?”一句中有疑问语气词“吗”和表示疑问的标点符号“?”。但这些词语和标点符号不足以说明这是一个反问句，也不足以表达否定意义。没有反问语气时，它们仅仅是一般疑问句。“那种检查能证明李宁玉身上没有藏情报?”一句中只有表示疑问的标点符号“?”，没有其他表示疑问的词语。在有些表达更强烈语气的反问句中，甚至可以用感叹号做句末标点符号。这些情况说明，表达疑问的代词、句末语气词和标点符号并不是反问句的充分条件，甚至不是必要条件。在反问句中，要想表达反问语气和否定意义，反问语气是充要条件。反问语气通常以上升的句末语调来表示，这也应看成是反问句表达否定意义时的一种标志。

3. 意义推理

肯定形式表达否定的反问句通常由陈述句或疑问句加反问语气构成。但从字面上看，这些句子仅仅是表示询问或者陈述一件事情，不能直接看出其否定意义。与“那不是检查”“你写的不算是检查”和“那种检查不能证明李宁玉身上没有藏情报”这样的一般否定句相比，上述三个反问句的否定意义表达和理解过程更加“曲折”，需要依靠语境，经过相对较多的语用推理努力才能理解句子的话语意义。如果没有这个推理过程，那么它们表达的意义就仅限于句子意义，也就是一般的疑问或者是陈述。因此，与一般的句法否定句相比，反问句表达否定意义不是直接呈现，而要经过推理过程，符合语用否定的意义推理特征。

4. 特定隐含义

反问句表达的意义可以分为两个大的层次：句子意义和话语意义。上述例句中的句子意义是一般的疑问或陈述；话语意义都表述了否定。正如上文所述，如果语用否定只是用一种曲折的方式表达了否定，那么这与语言的“经济机制”不相符合，因为这样的否定意义用句法否定就可以完成，而且表达和接受更省时省力。观察上述例句就可以发现，“老人家”之所以用了一系列的反问句对“我”的话进行回应，除了否定以外，还表达了特定隐含义——“作为一个有经验的情报工作人员，你不应该做出这样轻率的判断和行动”。

正是出于表达这种特定隐含义的需要，表达者才选用了反问句这种形式去表达否定意义。肯定形式的反问句表达语用否定时体现的四个特征同样是互相关联的。语境是意义推理和特定隐含义的基础；特定隐含义是依赖语境进行推理的终极目的；推理是实现语境和标志的价值以及隐含义的必要手段。因此，肯定形式的反问句是语用否定的典型类型之一。

三、反问句类“语用否定”的主要形式

反问句通常有四种形式：是非问、特指问、选择问和反复问。这四种形式的肯定形式都可以用来表达反问，并具有否定语义。吕叔湘（1982）指出：“特指问和是非问都可以作反问句，而以是非问的作用为最明显。……抉择式和反复式是非问句因为都是两歧的形式，反问的语气不详。”以“作用最明显”和避免“两歧”为原则，在研究反问句类“语用否定”时以特指问和是非问形式的反问句为主要研究对象。

（一）是非问形式的反问句类语用否定形式

是非问句一般是对一句话的疑问，回答是非问句需要对整句话做出肯定或否定答复：用是非问形式的反问句表达语用否定主要有以下几种形式：①一般是非问句加反问语气；②陈述句加反问语气；③“难道”类反问句，“难道”类反问句是较为典型的反问句。通常认为“难道”是反问句的标志，但从上述例句来看，表达反问主要还是靠反问语气，因为这些句子中没有“难道”时也可以用反问语气来表达反问。反之，如果没有了反问语气，即使句子中有“难道”，也不一定表示反问，整个句子可能只是表示一种猜测。“难道”的作用只是加强反问的语气。所以，从构成上来说，“难道”类反问句应属于一般疑问句或陈述句加反问语气表达反问的形式，但考虑到“难道”有加强反问语气的作用，将这类反问句单独列为一类。“难道”类反问句有时会在句末加上“不成”加强反问的语气，有时没有“难道”，只有“不

成”。

另外，“岂”作为文言虚词可以帮助表达反问语气。这种用法在现代汉语中经常出现，可以归入“难道”类反问句。

（二）特指问形式的反问句类语用否定形式

特指问是指用疑问代词或由它组成的短语表明疑问点，并希望对方对疑问点做出答复（黄伯荣，廖序东，1991）。根据疑问代词的种类，可以把用特指问形式的反问句表达语用否定归纳为以下几种形式：①“谁”类；②“哪”类，这一类包括“哪”“哪儿”“哪里”等；③“怎”类，这一类包括“怎样”“怎么”等；④“什么”类，“什么”类包括“什么”“为什么”“有什么”“干什么”等形式，在口语中，“干什么”中的“什么”常常可以用“吗”或“嘛“来代替。

第三节　汉语表扬语与鼓励语的跨文化语用策略分析

一、汉语表扬语的语用类型与跨文化语用策略

汉语表扬语作为人际交往中的常用语尚缺乏系统的描写，在汉语教学界对教师表扬语的功能类型和跨文化语用问题还未作研究。

（一）研究背景和范围

汉语表扬语作为人们交际中的用于表达积极情感的言语行为，能够维护交际者的面子，使说者和听者之间建立良好的人际关系。无论是国内中小学教师还是国际汉语教师，包括立足于国内的对外汉语教师和赴海外传播汉语文化的国际汉语教师和志愿者，都常会用到表扬言语行为。但目前学界不仅对现代汉语中的表扬话语模式缺乏系统全面的描写，而且对汉语国际教师表扬言语行为的常用功能类型和跨文化语用问题也未作研究。

关于表扬言语行为，国外的研究成果颇丰。英国哲学家奥斯汀（J. Austin）建立了言语行为的理论模式。在此基础上有人从“构成性规则”和“策略性规则”角度，对表扬言语行为进行了分析。从1981年开始，美国学者琼·梅恩斯（Joan Manes）和纳沙·沃尔夫森

(Nessa Wolfson) 对美国中产阶层的表扬言语行为进行调查，发现了其规律性。马克·L. 纳普 (Mark L. Knapp)、罗伯特·霍普 (Robert Hopper)、珍妮特·霍姆斯 (Janet Holmes) 和唐娜·M. 约翰逊 (Donna M. Johnson) 等学者也从不同角度对表扬言语行为进行了一系列研究。[①] 除此之外，国内也有许多学者从心理学和教育学的角度对表扬言语行为进行过探讨，但从话语模式出发的研究成果甚少。可以把表扬的话语功能分为四类：肯定性表扬、启发性表扬、激励性表扬和批评性表扬。对其进行了词汇、句式、语义和会话等层面的研究，并与英语的表扬言语行为进行了对比，发现了两者的相似性和差异性。在汉语国际教学界对教师的表扬话语的模式，以及跨文化语用与策略问题还未做研究。

（二）汉语表扬语的话语模式分析

《现代汉语词典》中对“表扬”的解释是：对好人好事公开赞美。“表扬”不同于“夸奖”“赞美”等言语行为，它必须是具有一定公开性的，且受表扬的事物必须有人为因素。但由于表扬、赞扬、欣赏和夸奖都属于教师课堂激励手段，在课堂教学中常常是混合使用，因此，以下例句中难免有交叉使用的情况。通过归纳例句，人们发现表扬言语中比较常见的句式结构主要有“受话者＋副词＋形容词”“受话者＋有……＋名词”“受话者＋是……＋名词”“某人/某事＋动词＋得（＋副词）＋形容词”四种。这里的“受话者”指的是被表扬的成分，可以是人也可以是事物。

1. 句式结构层面分析

(1) 第一种句式结构。有时把“受话者”省略，有时把“副词”省略或者把“受话者”“副词”都省略，也成立。

第一，“受话者＋副词＋形容词”完整结构。①“受话者＋真＋（褒义词)”；②“受话者＋很＋（褒义词)”；③“受话者＋特别＋（褒义词)”。

第二，省略“受话者”，用“副词＋形容词”表示“真＋（褒义

---

① 亓华. 汉语国际教育跨文化交流理论与实践［M］. 北京：北京师范大学出版社，2016.

词)”。

第三，省略“副词”，用“受话者＋形容词”表示“受话者＋（褒义词)”。

第四，省略“受话者…和…副词”，直接用“形容词”（褒义词）表示。

(2) 第二种句式结构。“受话者＋有＋……名词”。

(3) 第三种句式结构。“受话者＋是＋……名词”。

(4) 第四种句式结构。“某人/某事＋动词＋得（＋副词）＋形容词”。

以上句式结构是所有采集例句中最常见、出现频率最高的。除此之外还有许多形式多变、结构复杂的表扬言语。由于它们的出现频率较低，且句式类型繁多，在此便不一一列举。

2. 词汇层面分析

除了句式上的特点之外，人们还可以从词汇层面来考察表扬言语。首先要提出的是前人已经通过考察得出的一些结论。形容词和动词承载着表达积极意义的任务。在中国教师当中，实施表扬言语行为时，相对于动词、名词而言，形容词被更多的用来表达积极义项。由此可见，英汉表达表扬言语行为的典型词汇存在词性上的差异。

在以上所举例句当中，“有意思”“好”“争气”“亲切”“棒”“可爱”“漂亮”“不错”“纯”“美”“雄壮威武”“炯炯有神”“名列前茅”等词是直接用来表示积极评价的；而“爽快人”“最诚恳的白色山茶花”“优秀的老戏骨”虽是名词词组，但表示积极意义的仍然是“爽快”“诚恳”“优秀”这些形容词。另外，“有这水平”“白色的山茶花”“特别的天分”中的“水平”“山茶花”“天分”虽是名词，但其积极意义，要结合上下文才能得出。只有“优点”是直接表示表扬的名词。“我很看中你”的“看中”是动词。由此可见，“形容词在表扬言语行为中占据优势”。此次被调查的材料数量有限，但涉及的范围比较广，因此，人们不能否定这一结论的真实性。

3. 其他表达方式

除“典型句式结构”和“典型词汇”之外，表扬言语行为还有很多其他的表达方式。在某些表扬言语行为中，表扬意义并不是通过某个特定的词语来表达，而是通过使用某些关联词或典型话语标记，根据上下文意思体现出来的。

（1）用关联词“只要……就”组织语句。

（2）用副词“从来”强调行为。

由于能用来表示“表扬”的典型词语数量繁多，几乎所有褒义词都能承担这个任务，某些表扬言语的句式结构却很有代表性和规律性。因此在教学内容上，人们可将“典型句式结构”作为教学重点，让学生们掌握基本的典型句式，能灵活应用。例如，“受话者＋副词＋形容词”（及其省略形式）、“受话者＋有……＋名词”“受话者＋是……＋名词”“某人/某事＋动词＋得＋副词＋形容词”等。这样可以使教学更有条理，也可以使学生学起来感觉比较轻松。

（三）汉语国际教学中表扬语的语用类型

目前我国教育教学和心理学界对表扬语的研究多集中在中小学和幼儿教育教学领域。因为中小学，特别是幼儿园阶段是少年儿童身心成长发育的重要时期，他们最需要得到别人认可和表扬以增强自信感，需要用不同方式来证明自己。教师如果能恰当地运用好表扬和批评，对学生的健康成长将会产生很大的影响。这就使得教师表扬和鼓励语在中小学教学研究中受到高度重视，有关教师教学研究的书籍都要谈及它。“要不断激励学生前进”成为优秀教师最重要的标准之一。与国内中小学生不同的是，在各高等院校学习汉语的外国留学生都是成年人，他们的心智都已健全成熟，自我效能感和评价能力也很强，其人生观、价值观、思维方式也趋于定型，因而教师们往往会忽略育人的工作，很少用表扬和鼓励的话语去激励学生。然而，第二语言习得研究证明，学习者在汉语学习的初级阶段，由于还没有足够的能力讲话，会经历很大的心理压力和情感焦虑期，有些人会缺乏自信感，因为害怕说错话而陷入长期沉默不语的状态。

人们通过对汉语中级会话和读写课全体教师的课堂提问和教学语言研究发现，在学生正确回答问题后，教师最常用的反馈方式是重复学生的答案或重复加表扬。这种方式所占比例最高。其次是点评或表扬加点评。例如，“对，很好，这是人们学过的一个结构。”这一反馈方式的比例最高。再次是无反馈。教师没有给予反馈，除了疏忽的原因以外，部分教师认为问题很简单，学生回答正确是不言自明的；最后一类是简单地表扬，如“对”“很好”“好”等。学生已经习惯于教师这种简单的表扬，在接受表扬时就感觉不到成就感。很多国际汉语教师在表扬和激励学生方面还做得很不到位，没有意识到应该充分利用表扬和鼓励语对留学生进行激励和诱导，以活跃课堂气氛，沟通师生情感，增强学生汉语学习的信心和战胜各种困难的勇气。

鉴于目前汉语国际教学界对表扬语的研究尚属空白，参照我国中小学教师表扬语功能类型的6类划分：肯定性表扬、启迪性表扬、激励性表扬、批评性表扬、礼貌性的表扬、发自内心的表扬，结合汉语国际教学的实际，把表扬语也划分为6类：肯定性表扬、点评性表扬、激励性表扬、预言期望类表扬、贬己尊人类表扬和先扬后抑类表扬。

（1）肯定性表扬。肯定性表扬大都是教师对学生的言语、思想、行为以及成绩热情地给予及时性的肯定的反馈。善于肯定别人是一种美德，希望被别人肯定也是人之常情。尤其是在外语学习的初、中级阶段，留学生的汉语能力和跨文化交际能力都处在模仿和发展时期，积极的肯定能使他们体验到成功和满足，能激发兴趣，调动学习积极性。人们根据肯定程度的不同，分为表扬和鼓励两类。

1）用形容词简短有力地表扬。对、好、很好、不错或用像正确、准确、仔细、认真、清楚、勤奋、刻苦、用功等表示积极肯定的形容词。通过这些具有较强感召力的短语，教师正面肯定学生的良好表现和取得的成绩。

2）使用程度副词太、真、非常和了不起、真棒等表示赞美，可辅之以夸张的表情、手势语和感叹词。

（2）点评性表扬。点评性表扬在对外汉语教师反馈语中占第二位。高水平的教师能够画龙点睛地对学生的发言做出恰当的点评，也能挖掘其一些不为人知的“闪亮点”加以表扬，令学生们心服口服。人们可以用最高级称赞学生的长处和进步，也可用比喻描写句予以点评。

（3）激励性表扬。激励性表扬在教育教学过程中运用得较为广泛，它的主要功能是教师通过表扬加鼓励，树立学生的刻苦学习，不断进取的信心。这类表扬鼓动性、激励性强，效果明显。

(4) 预言期望类表扬。留学生在读期间需要教师给予学生不断肯定，在工作和人生道路的选择上也常会咨询教师的意见，而教师根据自己的经历和学生的个性特点，可以给学生指明专业发展的道路，并对学生的未来做出预测，教师的这类建议甚至能够影响学生人生道路的选择。

(5) 贬己尊人类表扬。汉语语用礼貌准则的第一条就是“贬己尊人准则”，指自己或与自己相关的事要“贬”和“谦”，听者或与听者有关是事要“抬”和“尊”。在中国人的言语交际中，贬己抬人、自谦尊人成为一种自觉的言语方式和习惯。在汉语国际教学中也会经常用到。

(6) 先扬后抑类表扬。汉语在表达自己的真实想法之前，常常会使用“先扬后抑”的婉转表达方式，最典型的是“她漂亮是漂亮，可是不太聪明”。外国留学生也很喜欢这种表达方法，美国汉语教师让中国教师提意见时常提醒说：“请从‘但是’以后说起……”在汉语国际教学中直言批评学生是一大忌讳，但是教师可以通过这种委婉的方式，在不损害学生的面子和自尊的前提下，表明自己的态度和意见。因为先肯定、表扬学生，能制造友好的气氛，可以使学生的情绪安稳、平静下来，才能听进教师的意见。而且先对学生取得的成绩进行肯定，也有利于防止教师片面、偏激地看待问题。同理，“先抑后扬”也属于礼貌得体的表达方式。

由于中外文化的差异，中外教育教学理念和师生关系的不同，使得汉语国际教学中表扬语的运用与国内中小学教学存在一定的差别。但无论怎样，表扬语在各自教学中的地位和作用都是十分重要、不容忽视的。国内对“表扬语”功能的划分还不甚科学，值得进一步研究。

(四) 汉语表扬语的特色话语模式及跨文化语用策略

从跨文化语用差异的角度考虑，中国人表扬的方式有着一定的社会文化背景和民族特色，在汉语国际教学这样的跨文化交际课堂上，应该注意其语用的得体性，以免造成不必要的误解和交际障碍。

首先，树立榜样原则，用“向……学习”来表达对某人或某事物的表扬。“树立榜样”这种话语模式在各国语言中都不同程度地存在着，但在现代汉语中以“树立榜样”的激励法来表达表扬和赞美的话语模式，则是中国当代文化的一大特色。然而，在跨文化交流中，人们应该注意跨文化语用差异，由于现代教育重视学生个性的培养，贯彻平等和尊重的原则。在欧美国家或地区的文化中，人们对个体和自我的重视与尊重程度相当高，他们并不常用“某某是人们的榜样”“向……学习”的方式来表达表扬。假设A同学某事做得不如B同学好，如果言语实施者是想对A同学进行督促，那么他不应该对A说“你应该向B学习”这种批评性表扬言语行为；如果言语实施者是想表扬B，那他也也不该用“大家应该向B学习”来表示。因为这两种情况都可能会使A或B感觉到不被尊重，尽管这种表扬方式在中国文化中是可以理解或接受的。

其次，留学生对“继续努力”的误解。例如，教师说“回答得很不错嘛，可见你在课下认真预习了课文，以后要继续努力!”原本最后是句鼓励语，但欧美学生认为，教师这样说是觉得他不够努力，感觉是在“警告”自己。类似的还有作业的评语：“作业认真，继续努力!”因此，教师应在开始时解释一下评语的意思。像第一例句，原本作为评价式表扬已经很好，无须再画蛇添足，反而会引起留学生的不快。

最后，在对比中通过自谦或自贬的言语方式，主动承认“做不到”或“比不上”来表扬对方的出色、能干和了不起。

谦辞的使用既能表示对他人的尊敬，也能体现中国传统礼仪文明，而在欧美的国家或地区，很少使用此类“贬己尊人”的言语方式来表示礼貌，如在英语文化中“谦虚就是减少对自己的表扬，而不是根本不要自我表扬”。有学者认为产生这种差异（英语中的敬语谦辞远少于汉语）的原因，一是中国封建社会等级森严的宗法制度。它要求人们跟长辈或上级说话时，有时甚至跟同辈说话时，要用敬语，否则就认为用词不当而失礼，甚至显得高傲；谈及自己时要用谦辞，不然也被认为没有礼貌；而西方国家自资产阶级革命以后奉行自由、平等政治制度，追求人人平等、讲人权人道。二是几千年来中国人在人际交往中奉行“群体主义”原则，个人的利益要服从群体利益，形成了卑己尊人的言语行为方式；而西方的个人主义文化强调尊重个人价值，乐于表现自我、凸显个性，从而形成了喜欢鼓励和乐于接受表扬的言语表达习惯，为使外国留学生正确地理解和掌握汉语的礼貌原则，汉语中常见的这种贬己尊人的言语表达方式应该特别加以说明。为了更好地指导国际汉语教师有效合理地运用“表扬语”，人们提出以下五条建议。

第一，表扬时要伴以亲切的微笑。笑容是人类最甜、最美、最动人的表情，它是缓解学生紧张焦虑情绪和打消说话顾虑的良方。教师在学生面前一展微笑，胜过万语千言，显示出教师平易近人、平等尊重的态度，使学生感到亲近，愿与教师交谈。

第二，对发言的学生应及时予以表扬。只有这样才能鼓励学生多说话。通过与学生的交谈中，可以了解他们的真实想法和心态，找到学生感兴趣的话题，可以提高课堂互动效果，同时也有利于改进自己的工作，反思人们的教学方法是否得当，课堂提问是否恰当。

第三，给出具体而非笼统的表扬。明确具体的表扬能给学生指明努力的方向，再现和巩固自己的正确做法。比如，应该说“你今天的作业很认真，字也写得很好”，而不是笼统地说“今天你的表现很好”。像“继续努力，争取更好的成绩”这样笼统评语，不仅会引起外国学生的误解，也无法达到表扬的效果。

第四，善于发现和表扬学生细小的进步。因为学生都希望与别人，尤其是教师分享自己的进步，如果教师能及时发现学生的哪怕是细小的进步并加以表扬，都能不断增进师生之间的感情和信任，使学生不断追求进步。

第五，采用正面评价表扬而不采用批评责备的方法。批评成年留学生是危险的，因为它可能伤害学生的自尊心，引发学生的愤恨和抗拒情绪。多次看到留学生跟任课教师发生争执，只是因为教师当着全班同学的面批评他没完成作业。留学生们认为他们是成年人可以为自己的行为负责，无须教师批评教育。因此，教师要与缺课或不完成作业的学生单独谈话，问明情况给出合理建议，让学生有回应与澄清的机会。因此，公开的批评应当尽量避免。

总之，教师对学生的表扬应该是发自内心的，是礼貌真诚、恰如其分的；虚假夸大的表扬和称赞往往会起到相反的效果，会损害教师的威信和形象。表扬对学生学习动机的影响受多种因素的制约，如表扬者是否有真诚的态度；表扬能否增强受表扬者的胜任感和自主感，能否促进受表扬者正确的归因方式的形成；表扬者传达的行为标准或期望是否恰当等，表扬不当会适得其反，学生对教师的表扬不仅无动于衷，甚至产生逆反心理的现象时有发生。而真诚的表扬和欣赏是激励人的最佳动力，在现实生活中，有效的表扬甚至能够改变学生的一生。因此，人们要科学有效地用好表扬语。

二、汉语鼓励语的语用类型与跨文化语用策略

汉语鼓励性言语，无论在人们的生活用语中，还是在对外汉语课堂教学中都占据着重要的位置。一句激励的话语往往会使人精神振作，信心倍增。特别是对外汉语教师在课堂教学中，掌握并得体地使用鼓励用语十分必要。然而，如何说好鼓励的话，在什么样的情境下应该选择怎样的鼓励话语方式，却未必为人们所熟知。很多教师课堂反馈语中仅限于“好，很好，很不错”之类表扬性的话语，连“加油、我支持你”这类简单的鼓励性用语都很少用到。《对外汉语教学中高级阶段功能大纲》中对“鼓励”这类属“理性认识表达”的言语形式概括得十分简单，而事实上，汉语鼓励语的话语模式和语用类型非常丰富。

（一）汉语鼓励语的语用类型与话语模式

汉语鼓励语的语用类型大体可分为以下八种：完全确信型、指导劝说型、号召期望型、提醒要求型、先抑后扬型、称赞欣赏型、许愿承诺型和命令暗示型，每种类型下又有话语模式若干。下面将逐条列出分析。

1. 完全确信型

表示说话人对听话人做某种行为有十足的把握，鼓励的程度在这几种策略中最高。在完全确信型的语用策略中，确信副词的使用是鼓励性言语行为明显的特点。除此之外，还有一些固定的句式或短语也

常常用在鼓励句中。

（1）确信副词的使用。在汉语中表示确信的副词有很多，而在鼓励性言语中，这些副词的使用频率非常高，有些副词在一定程度上更是成了鼓励性言语行为的标记。这类句子中，说话者态度中肯、语气坚定，鼓励性强，可以说，确信副词的出现使鼓励的语义程度在原来的基础上大大加深，起到了强调作用。“真”“非常”“太”“一定”等表示确信意义的副词经常被用在句子中“毫不吝啬”地鼓励听话者，鼓励意义程度很深。

（2）固定表达句式的使用。在鼓励性言语中有一些出现频率和鼓励程度很高的句式或短语，它们或搭配确信副词，或使用其他表达方式，比较固定地表达鼓励意义。还有一些比较固定的短句，如“加油!”“你能行!”“我相信你!”“你真了不起!”等。在句类来看，除了陈述句、感叹句外，反问句的使用也可以表示鼓励的意义，而且鼓励性质更明显，鼓励程度也比较高。确信鼓励式具有十分强烈的鼓励意义，这种语用策略不仅可以单用，而且也可以嵌套在其他策略中，增加鼓励意义程度，具体语境可以在下文中看到。

2. 指导劝说型

这一语用类型使用的语境为：听话者畏惧做某事，或因为失败、挫折等不如意的事情而受到某种消极情绪的影响，说话者的目的在于通过提供建议、进行善意的预测、陈说自己和他人的相关经验或引用流行说法、他人话语，指导劝慰其克服眼前的困难，鼓励听话者继续努力，积极面对现实状况。具体来看，人们分为三种形式。

（1）建议劝说式。说话者给予听话者一定的建议，这些建议或具体或概括，目的是鼓励听话者看到继续实施某种行为的可能。具体又可分为A、B两类。A类为概括性建议劝说。建议鼓励的内容没有具体指向，比较空泛，旨在调动积极性。B类为具体性建议劝说。建议鼓励的内容比较明确，目的性强，针对性强，听话者容易获得更多鼓励信息。

（2）经验劝说式（说话者自己的经验和他人的经验）。①通过陈述自己的经历或经验，劝慰并鼓励对方做某事；②通过陈说别人的经验或者自己看到的、听说过的情况，安慰鼓励对方克服消极情绪，继续鼓起信心从事某事。

3. 号召期望型

一般多为上级对下级、长辈对晚辈有所期待而鼓励，也有同辈之间的期望式鼓励，希望包括自己在内的各位能努力做某事。为了清楚展示将分为三类讨论。

（1）上级对下级的号召式。上级向大众发出动员，说明做某事的积极意义，并要求他们踊跃去做好这件事。

（2）长辈对晚辈的期望式（教师鼓励用语归于此类）。长辈对晚辈往往有很多期许，比如鼓励其能继续发挥长处，改正某种现存的错误，或者鼓励其尝试新的事物、铭记践行某些真理，态度方面较前者更诚恳亲切，内容也更具体而贴近生活。

（3）同辈之间的期望式。这类鼓励言语的主体一般会包括说话者在内。

4. 提醒要求型

往往在对话中提醒听话者目前的表现还不够，要再接再厉；或者提出更高、更“苛刻”的要求，或者为听话者列举出比较恶劣的条件与后果，提醒鼓励听话者不得不努力。

5. 先抑后扬型

往往首先向听话者呈现事实中不利的方面，然后出现转折，鼓励听话者去发现事物积极有利的一面，或者鼓励听话者总是可以通过其他途径使事物朝着好的方向发展。

6. 称赞欣赏型

目的不是单纯的表扬，而是通过这种称赞激发听话人对自我的充分肯定、认识到自身存在的优秀条件，鼓励其凭借此条件去做某事，或意识到自己有做某事的能力。

7. 许愿承诺型

这种鼓励性言语往往会给说话者或听话者带来莫大的鼓励，促进其取得更大的进步。

（1）鼓励自己。这一语义类型多用于鼓励自己或包括自己在内的一个群体，通过陈说愿望或发誓，保证信守承诺，完成目标。

（2）鼓励他人。给予他人承诺，以鼓励其实现某种目标。

8. 命令暗示型

说话者往往给出一些命令，并通过这些命令暗示听话者要完成或到达某个目标，这一语用策略，说话者往往带有一定的威严。

在总结这几种鼓励言语行为语用类型的过程中，人们发现，这些策略的使用并不单一，即人们的鼓励言语往往同时蕴含着几种语用策略，这样使内容丰富充实，也能很好地达到鼓励效果。例如：①称赞表扬与建议规劝式的交叉使用；②称赞表扬与号召期望式的交叉使用；③提醒要求型、完全确信型以及号召期望式的交叉使用。

关于鼓励言语的回答语，根据具体的语境来说，比较常见的是“谢谢！”“谢谢，我一定会努力。/我一定不会辜负你的期望！”“好的好的。”“要不，我就先试试？”“我再试试。”等。相对来说，鼓励言语的回答语不太固定，常常根据语境（具体事实）做出回答，主观性和灵活性很大。

表 4-1 是对以上鼓励语语用的类型，及其涉及的句式、句类和回答语等做出的简单总结。

表 4-1 鼓励语语用类型及其答语总结语用①

语用	常用句式	常用词汇/短句	是否需要回答	回答的	句类
完全确信型	“我相信你……”“我确信……”“你一定能够……”	“真、太、一定、肯定……”等副词；“加油！”“你能行！”“我相信你！”“你真了不起！”“真能干！”	不一定	如回答内容“谢谢，…… ”“我试试”	感叹句、陈述句

① 本节表格均引自：亓华．汉语国际教育跨文化交流理论与实践［M］．北京：北京师范大学出版社，2016．

续表

语用	常用句式	常用词汇/短句	是否需要回答	回答的	句类
指导劝说型	"别/不要"+消极意义类形容词或动词+劝说语；"只要……就……"	"下次（继续）努力""再试试"	同上	同上	陈述句、反问句
号召期望型	"希望各位/大家……更好地为/争取/……"	"希望、期望、务必"			
提醒要求型	"这只是……，（所以）你要……""要是（再这样），可就……""你得好好儿"+动词或动词性短语	"好好儿"	同上	同上	
先抑后扬型	"你虽然（不能）……但是（可以）……"		同上	同上	
称赞表扬型		表示优点的形容词或动词或形容词性、动词性词组	同上	同上	感叹句、陈述句、疑问句

续表

语用	常用句式	常用词汇/短句	是否需要回答	回答的	句类
许愿承诺型	“我（们）一定会/要……”“我要好好儿”＋动词或动词性短语；“只要/如果你……我就……”		否	无	感叹句、陈述句
命令暗示型	“不是……而是……”“不要”＋动词或动词性短语		不一定	“我知道了。”“我试试。”	祈使句、陈述句、感叹句

（二）汉语鼓励语的使用场合

鼓励语的语义和语用价值要在合适正确的场合中才可以正确传达和体现，因此对语用场合的考查也是十分重要的工作。

根据搜集的语料考查，鼓励语使用的场合可以概括为正式场合和私下场合。正式场合包括工作、会议、会谈、课堂教学等场合，私下场合则主要指日常的生活场合，如家人、朋友间的谈话交流等。语用策略在这两种场合的使用略有侧重。人们通过一张表格来表现，使用场合以划分的最小类为标准。

鼓励性言语无论在正式场合还是私人场合都很适用，见表 4－2。特别是鼓励语的 8 种类型都可适用于课堂教学、家人和朋友之间，这一方面说明鼓励语在日常人际交往中占有重要的位置，也说明鼓励或激励是课堂师生互动中的一个非常重要环节，它可以增加学生学习的信心，释放学习压力，改善课堂教学效果，提高教学效率。然而，由于汉文化是谦逊内敛型的文化，与英美等西方国家激励型文化相比，教师和家长较少肯定和鼓励学生，常常是“期望”“不满”多于“鼓励”。

表 4－2 鼓励语使用场合的选择

语用类型＼使用场合		正式场合			私人场合	
		职场	会议会谈	教学课堂	家人间	朋友间
完全确信型		√			√	√
指导劝说型	建议	√	√	√	√	√
	经验			√	√	√
号召期望型	号召	√	√	√	√	√
	期望	√	√	√	√	√
提醒要求型		√		√	√	√
先抑后扬型				√	√	√
称赞欣赏型				√	√	√
许愿承诺型		√	√		√	√
命令暗示型				√	√	√

（注：表格中没有标注“√”的地方并不意味着这种语用类型不会出现在这一场合，表中内容依赖搜集的语料，并遵循典型性原则。）

就鼓励语在外语课堂和幼儿教学中的运用来看，幼儿教学更倾向于使用鼓励语。教师的鼓励言语大致可以概括为：具体型和概括型。具体型鼓励言语，如“你今天没有和别的小朋友抢玩具，也能把玩具收好，老师很高兴，希望你能继续保持！”这种清楚而具体的鼓励方法，能使学生了解什么是良好的行为，什么行为是教师所期望的，目的性强，有所指向，能使孩子朝着好的方面发展。而概括型鼓励言语则比较适合小组和集体教学时使用，能调节气氛，调动学生的积极性，如“大家都很棒，请继续努力！”

三、汉语鼓励语跨文化语用策略

不论是什么课堂，教师鼓励用语是必不可少。作为对外汉语教师，人们不仅应了解不同鼓励言语类型的使用场合和语用策略，更应该重视课堂鼓励言语对学生学习异文化和第二语言的重要性。由于中外鼓励性言语的跨文化语用差异，基本上是彼多我少；还有的像汉语中“下次努力、继续努力”这类“指导劝说式”鼓励语，放在西方文化的语境下会被误解为“教师认为自己还不够努力”。因此，跨文化互动交流的课堂语境对国际汉语教师使用鼓励语提出了特殊的要求，即应以不同国家的鼓励语使用特点为参照，调整汉语鼓励语的语用策略，包括对日韩及东南亚留学生，适当多用汉语鼓励语，以利于激活课堂教学的气氛和师生互动的情绪，激发留学生学习汉语的热情。结果“您”字出现的太频繁了，就有点不自然。其实，在汉语交际中并不会使用很多的“您”。还有的时候，如果班里有年龄较大的学生，甚至比教师的年龄还大，那么这个学生与教师的关系以及交谈也变得比较尴尬、不自然。若互相称呼“您”，或者说话都非常客气，让人感觉不是很自然，有距离感。但若直接称呼学生的名字，有些年长的韩国学生会觉得很刺耳，甚至觉得教师这样做没有礼貌，难以接受。这一点并没有引起中方教师的注意，让年龄大的韩国学生感到没有受到应有的尊重。这种因文化差异给中韩人际交往带来的问题应引起双方的注意。

第五章　对外汉语教学传播路径探究

对外汉语教学是一门覆盖面相当广的学科，尤其汉语言文学，其历史悠久、文化底蕴深厚。世界近些年来刮起了一股汉语热的风潮，以往的汉语人才培养模式已经逐步跟不上时代需求。那么，面对新的时代要求，汉语教学应怎样进行完善，才能让外国学生更好地掌握汉语，让中国传统文化走上世界。

传统语言的教学是远远达不到将汉语文化的内涵进行传扬的目标。在这个前提条件下，本章将对外汉语教学的文化传播思考、跨文化网站的设计和开发以及文化传播策略进行重点介绍。

第一节　对外汉语教学中的文化传播策略

随着中国的发展，中国古老文化受到了很多国家的追捧，逐步热衷于学习汉语，对中国的兴趣也日益增加，这使得中国在国际上具有更加重要的地位。基于此，汉语热已经成为一种时尚，这为汉语国际化发展带来非常利好的环境。越来越多的外国学生的留学第一选择，也集中在了中国。

我国具有深远的文化历史背景，国际范围内汉语文化的传播基本上已经和汉语语言教学一致，这使得对外汉语的教学和文化教学和文化传播的过程是同步进行。因此，对外汉语教学的过程，既要注重语言能力和技巧的培养，更要注重中华传统文化的传扬，两者在教学中的积极意义都是不可或缺的。

汉语是随着文明的产生而产生，是一种丰富的、优美的、古老的语言。文化和语言之间有着不可分割的联系，且在对外汉语教学中也应该进行中华传统文化的传播。因此，对外汉语教学中需要将如何融合中华文化的传播以及如何将语言教育与文化传播联系起来作为研究方向。

(1)加强对外汉语教师队伍的建设。学习语言必然要依附在一定的文化上，将语言作为一种载体和介质。对外汉语教学的老师要提高自己的综合素质，不能单纯地进行汉语语言传授，而是要将文化传播的使命融合到语言教学中，对老师的整体素养要求较高，需要其不仅要有非常专业的汉语言知识，而且还要有非常深厚的文化基础。

首先，汉语教师要注重自身文化知识的学习和完善。中华传统文化有着几千年历史，内容渊博，而这种文化底蕴深深地吸引外国学生。比如，汉字有着很好的象形属性，是由各种单音节的词和词素组成。很多留学生觉得中国汉字既难写又难念。若是在汉语教学中，老师能够将汉字的构造特点、形体特点进行讲解，能够极大地简化学习的难度，还有利于激发学生对汉字的兴趣和热情，从而更容易地学好汉语。

其次，汉语教学必须具体问题具体分析，与地域文化进行融合。汉语之所以对留学生产生极大的吸引力，是因为中国独具魅力的文化背景所造成。因此，对地域文化的理解有利于老师结合地域文化实施教学，让学生对中华文化有更加深入地认识。

(2)将中国文化融入对外汉语教学中。语言知识的教学是为了培养学生的交流技能，以实际运用作为教学目的。以往的教学方式较简单，学生一般只能被动接受，这种方式无法很好地调动学生的学习热情和学习积极性，不利于学习效果的提高。所以，现在对外汉语教学中要注意避免该种方式，而是要将中国传统文化进行适当融合，以文化魅力吸引学生进行汉语言学习，让课堂气氛更加活跃，让语言教学更有趣味。

汉字传授一直是对外汉语教学中的重难点。这是因为外国的语言组成和中国汉字组成有很大差异，外国语言一般是字母组合而成，与之相比，汉字的构造更加复杂，对留学生来说难度系数较高。在这个时候，通过融入中国书法的方式，让学生欣赏各种字体和各个大师的作品以及碑刻图片等，以此引发学生书写汉字的兴趣。①

---

① 祁伟. 对外汉语教学中的中华传统文化传播策略[J]. 湖北函授大学学报，2017，30(07)：97－98＋172.

中国歌曲对汉语学习也有一定帮助，可用于活跃课堂气氛，增加学生学习的乐趣。这种模式的教学内容以文化为基础，手段为语言，有利于丰富留学生的学习文化背景，对中国文化底蕴做到更加深刻的认识。文化是以语言作为载体和媒介，语言中透露着文化的底蕴，因此对语言的学习不能脱离文化背景进行。因此，对外汉语教学的过程中引入中国传统文化，使得语言教学的趣味性更强，教学更生动。

对外汉语教学中蕴含着及其丰富的文化，并成为我国不可取代的一种重要精神财富，对中国各个历史时期的作用都是不可忽视。对外汉语教学的老师应该注重自身文化素养的学习和提升，不断充实自己的知识体系和文化素质，并将之运用到教学中，提高教学效果，将对外汉语教学工作做到更加完善，将中国传统文化推广到世界各地，让世界文化发展更具多元化。

第二节　对外汉语教学中的文化传播思考

中华文化的对外传播，古已有之。文化的传播是一项伟大的事业，又是一项艰难的任务。古代的玄奘求法、鉴真东渡，都是突破了人事上的重重阻力、地理上的千难万险才最后达成的。在科学昌明、交通发达、信息快捷的今天，地理的阻隔早已不再是国家之间文化交流的障碍，但是许多别的障碍仍然存在着，新的问题和困难也不断出现。作为汉语国际教育硕士的专业教材，本书着重探讨在新的历史条件下，在对外汉语教学中如何更好地传播中华文化，树立中华文明的正面形象。人们针对现实情况，结合具体案例，试着提出一些基本的原则和方法，希望能够在实践中不断地得到修正、补充和深化。

一、对外汉语教师的文化素养

（一）学习文化知识的重要性

国际文化交流与传播，其重要性早已被世界各国所公认，从而与政治外交手段、经济手段和军事手段并列，成为各国实施国际战略和外交政策的四大手段之一。对外汉语教学，不仅仅是要教会外国人如何说汉语，更要传播中华文化。对外汉语教师常常被称为“民间文化大使”，这足以说明这一职业所担负的重要使命。

要合格、圆满地履行人们传播中华文化的使命，首先，在进行文化传播之前，人们自己必须真正地懂中华文化。掌握过硬的文化本体知识，是基础的基础，根本的根本。如果没有掌握好知识，那么所谓文化教学、文化传播就是无源之水、无本之木，就是空中楼阁、水月镜花，一切都无从谈起。[①]

对于这个看似是常识的问题，许多人却有着不够正确的认识。从目前的现状来看，虽然各高校对外汉语教学院系一般都为研究生开设了文化课程，但是轻视文化本体知识的现象仍然比较普遍。不光是在读的研究生，一些从业教师也同样对此重视不够。所以，人们不得不多花一些笔墨，针对几种比较典型的想法，来分别加以辨析说明。

第一，中国人并不能天生地就了解中国文化。有人认为我就是中国人，当然懂中国文化。那些外国人，对中国文化一无所知，所以，学好汉语本体知识和教学法就好了，没有必要再多花时间去学习中国文化。这种想法和我会说普通话，当然就可以当对外汉语教师一样，都是很幼稚的。任何人都不是生而知之的，不经过长期艰苦的学习，是不可能真正了解博大精深的中国文化的。产生上面那种想法，本身就是因为对中国文化太不了解。

第二，个人才艺不等于中国文化。有些同学认为，掌握一两种才艺，能够在晚会上表演一两个节目，能够带着外国学生唱中国的流行歌曲、跳中国民族舞、打太极拳、剪纸等，就可以完成传播中华文化的任务了。这类才艺确实很有作用，它们直观而富有趣味性，可操作性强，适合用来引发学生的学习兴趣，尤其适于在教初级汉语的时候运用，但是往往理论深度不够，缺乏引导学生钻研的后劲。它们诚然也都是中华文化的组成部分，但却不是最核心的部分。中华文化的核心，是在漫长的历史长河中形成的一整套价值观和制度、礼仪体系，以及文学、艺术等方面的精华产品。而这些，却不是很容易学习、理

① 赵长征，刘立新．中华文化与传播［M］．北京：外语教学与研究出版社，2015．

解的。那些具备了较高汉语水平、已经比较熟悉中国文化的高级班学生，会越来越多地对中华文化的核心因素产生兴趣。有的外国学生知识面广，善于思考，提出的问题非常深刻。此时那些才艺项目明显就不够用了。如果没有足够的知识储备，是没有办法回答他们的问题的。一个好的对外汉语教师，应该可以回答学生关于中国文化的比较高端的问题。具体来说，他（她）应该有能力向学生介绍中国历史发展的大体进程，解说中国主要哲学和宗教思想的大体框架，应该具备基本的文言文阅读能力，能向学生正确阐释中国古代的经典诗文。

第三，课堂授课技巧、交际能力不能弥补文化知识的缺陷。有的同学不愿意花时间多学文化知识，认为自己脑子灵活，会随机应变，应对问题的能力强，实在碰上回答不了的问题，就打马虎眼绕过去，即所谓“知识无所谓，能力最重要”“能力”在这里居然堂而皇之地成为了“无知”的遮羞布。这也是一种投机取巧的心理在作怪。学习文化知识是硬道理。没有文化知识，就没有应对文化问题的能力。“巧妇难为无米之炊”，没有知识，光学技巧是毫无作用的。一个老师有没有学问，是不是好老师，学生在问了几次问题之后心里都会很清楚。在这方面，不能自欺欺人，不要抱有侥幸心理。

第四，有不少人认为，研究生入学的时候，都已经对文化本体知识有一定了解了，所以研究生阶段不需要再学。这种看法未免过于乐观。许多文化知识，确实是在研究生入学的时候就应该具备的，但实际上很大一部分人并没有具备。现在许多研究生的文化知识非常欠缺，甚至连基本的常识都不知道：有人不知道中国历史上的朝代顺序；有人不了解中国古代的著名人物；有人阅读文言文的能力很差；还有人不认识常见的繁体字。所有这些，令人惊讶，也令人叹息。同时，这种看法也未免太小看了文化本体知识。数千年中华文明所创造的无数文化产品，可谓浩如烟海，本科及以下阶段的有限时间，即使专门学习过，也难以都了解到。即便是一个非常优秀的中文系本科毕业生，其知识结构也不一定能够完全胜任文化教学的需要。

第五，还有人认为，应该突出对外汉语专业的学科特色，文化本体知识离专业较远，没必要花太多精力学习。这种论点所谓的“突出学科特色”，人们以为是对于学科特色认识不够全面，这种观点仅仅强调语言教学，而没有认识到在语言教学基础上进行文化教学的重要意义。这实际上是看轻了自己的能力，降低了对自己的要求，也自我限制了本学科的地位。轻视文化学习，表面上并不会妨碍人们培养出能够进行对外汉语教学的“匠人”，但是却不利于培养出知识结构全面、学问渊博贯通的“高人”“大师”。对于任何一门学科来说，要提高自己在学界的整体地位，必须要靠培养出学术大师。对外汉语教学学科也是如此。人们不但要有大批勤勤恳恳工作的汉语老师，而且要有学贯中西的学术大师。人们不但需要扩大规模，更需要提高质量。为进一步提升对外汉语教学专业的地位，为了人们事业的长远发展，这种轻视文化学习的心理是绝不可取的。另外，如果把视角放小，具体到每位教师，从其个人成长来说，多方面地阅读，开阔眼界，触类旁通，享受知识和思考的乐趣，也是提高个人素质、提高生活品质的重要途径。

综上所述，人们必须高度重视文化本体知识的学习。没有真材实料的知识，而谈论文化交流、文化传播、文化教学，就只能是奢望和空谈。

（二）学习文化知识

那么，人们应该怎样学习文化知提升自身文化素养呢？

第一，要志存高远，树立“打持久战”的意识。传播中华文化是一项伟大的事业，天高海阔，大有可为。要成为一个优秀的对外汉语教师，就必须全面夯实知识基础，完善知识结构。中华文化博大精深，牵涉到以文、史、哲为核心的许许多多的学科，是不可能在几年的时间内就学透彻的，更不可能在人们这门课程的一个学期内就解决全部问题。这门课，只能提供一个学科的框架，指引基本的路向。具体的工作，需要每位学习者自己长期坚持阅读、思考。学习文化知识，不是短期行为，不是上一门课、混两个学分的事情；而是长期行为，是需要坚持一辈子的事情。

第二，不要满足于听课，一定要自己阅读。许多同学喜欢听文化课，觉得老师讲得很有意思，可是回去后却不做相关阅读，所以印象不深，时间久了，课上听来的东西也必然忘掉。大家可以根据自己的喜好，选择阅读。平常最好能够养成逛书店、泡图书馆的习惯，课余时间多去翻翻书，慢慢就会打开眼界，扩大知识面，了解各专业的大师名作和学术动态。要阅读精品书，一上来就直奔名家名作，不要在三流读物上浪费时间。听课很轻松愉快，阅读却相对艰苦枯燥。人们知道，凡是容易学会的，必然不是了不起的功夫。要有真正的收获，形成核心竞争力，就不能玩花拳绣腿，必须老老实实坐下来读书。

第三，扩大视野，不但要学习中华文化知识，还要加强对外国文化的学习和研究，知己知彼。人们长期浸染在本土文化氛围中，对许多东西习以为常，浑然不觉。如果有时能够跳出去，站在外国文化的角度来看中华文化，就可以获得一种良好的反观视角，更加客观地、清楚地了解中华文化在世界文化格局中的位置。另外，对外汉语教师具有一种双重身份，既是跨文化交际的组织者，同时又是跨文化交际的参与者；不仅仅要对学生进行跨文化训练，自己本身也需要接受跨文化训练。对外汉语教师如果对外国文化了解得不够，没有文化比较的概念，在教学过程中就可能会感到力不从心，甚至会粗心犯错误。

第四，在实践中学习。书本知识是基础，实践中却能够获得许多鲜活的文化知识和例证。在教学中处理文化问题的成功经验和失败教训，都同样珍贵。同时，多多虚心地向师长和同学、同事学习请教，也能够不断增加自己的知识，提高自己的能力。

二、对外汉语教学中的中华文化传播原则

在对外汉语教学过程中传播中华文化，应该遵循如下原则。

（一）不同文化之间互相尊重，坚持文化平等原则

中国在国际交往中始终坚持国家不分大小、强弱、贫富一律平等，各国应该互相尊重的原则。这条原则也适用于不同国家之间的文化交往。中国文化自古就强调“以和为贵”“和而不同”，大家求同存异、互相切磋、共同进步；又强调“礼尚往来”“己所不欲，勿施于人”，彬彬有礼，推己及人，不强求别人接受自己的价值观。历史上的中华文化向外传播，一般来说都不是通过武力强行传播，也缺乏大规模向

外传教的动力，而是通过和平的商业和文化往来，展现自己的文化魅力，让对方自然地乐于接受，海陆“丝绸之路”就是典型的例子。①

在古代，中国长期是世界重要的文化中心之一，也曾长期以中央帝国自居，为自己的文化而感到自豪。鸦片战争后，中国处于落后挨打的地位，文化自信心也受到很大打击，开始了对西方文化大规模而持久的学习。在全球化的今天，中华文化再一次走向世界。人们要让世界人民了解中华文化，消除隔膜和偏见，在文化交流中互相借鉴、取长补短。在这个过程中，人们要摆正自己的文化心态，不可崇洋媚外、妄自菲薄，也不可盲目傲慢、自高自大。

近代以来，欧美在世界上长期居于领先地位，产生了西方中心主义，对非西方的文化往往有一种轻视。欧美的学校很少讲授东方的历史文化知识，许多世界历史、专门史著作并不论及东方国家，造成欧美学生普遍对中国了解较少。这与中国学校大量开设欧美语言、文学、艺术、历史、哲学、社会学等课程，中国学生对西方了解比较多的情况形成鲜明对比。西方所取得的辉煌成就诚然值得钦佩，但是东方文化复兴的潜力也是不可限量的。相信随着中国和其他东方国家经济实力和文化影响力的不断增强，以及越来越多的国际间文化交流，西方中心主义思想会逐渐得到纠正。对外汉语教师应该具备充分的文化自信，在这个过程中发挥应有的积极作用。相对来说，中国周边国家的文化与中国文化比较接近，从这些地方来的学生对中国了解也比较多，文化上也有较多的亲切感。与他们进行文化交流，就要容易许多。

从另一方面来说，对外汉语教师又要避免对中华文化的盲目自傲和自夸，不要将自己由于感情上的热爱而产生的不符合事实的理念向学生进行传播。中国并非什么都是世界上最好的。有些由于影视、小说的虚构情节，或媒体的不实报道而造成的比较明显的认识误区，是应该避免的，如“中国是世界武术之乡，功夫最厉害”“美国军校学员人手一本《孙子兵法》”等。所以，人们要多读书，多思考，要客观地看待自己国家的历史和文化，了解它的优点和缺点。人类历史上创造

---

① 张扬．在对外汉语教学中传播中国文化的策略［J］．人才资源开发，2015（04）：155—156．

过伟大文明的民族有很多，中华民族也只是其中之一。中华文明曾经对人类文明做出过巨大贡献，但同时也深深受惠于其他文明。所以，人们应该对其他文明加深了解，保持敬意与谢意。

具体到课堂上，教师对学生应该一视同仁，要避免对一些国家来的学生有所偏爱，而对另外一些国家的学生却较为冷淡。要尊重所有学生和他们的文化，不要有所偏颇。在课上课下，都应该与学生真诚交流，不卑不亢。关于师生之间交流时需要注意的具体细节，跨文化交际课程谈得很多，人们这里就不多谈了。

（二）传播文化精华，避免哗众取宠

中华文化和世界上所有国家的文化一样，有精华，也有糟粕。人们要弘扬精华，摒弃糟粕，对内对外都是如此。那些文化糟粕，作为历史上曾经出现过的客观现象，在今天仍然具有学术研究价值，但是也仅限于此，不能再作为中华文化的象征符号，在普通文化传播的过程中加以大力宣传。不能为了迎合一些人的趣味，而和他们一起大谈特谈中华文化中那些过时的、不人道的、不科学的东西。那样非但不能起到宣传中华文化的作用，相反，只会给中华文化抹黑，带来负面的影响。

随着科学技术的发展，人类文明是不断前进的。但文化中落后、愚昧和庸俗的成分并不会完全销声匿迹，而是也会长期存在，甚至拥有一些拥趸。有些已经被人们抛弃的糟粕，如果授课过程中需要提及，可以做学术性的客观介绍，但是一定要以批判的态度。一些和迷信相关的东西，更是不能宣扬。

还有一些情况较为复杂的，如《易经》。它又称《周易》，是儒家“五经”之一；与解释它的《易传》一起，都属于中国古代最重要的文献，是中国哲学思想的源头之一，具有很强的思想史、文化史研究价值。它最先是作为一部占卜之书出现的，代表了周代人对于当时自然、宗教的认识水平，有许多迷信的成分，又包含了许多古代的哲学思想，其中的阴阳理论、辩证法思想对中国文化产生了深远影响。经过历代学者的注解、阐述，更是形成了一个博大精深的《易》学体系。在今天，《周易》的学术研究价值仍然是非常高的。

要能够分辨精华与糟粕，首先要提高自己的文化修养和鉴别能力，坚持科学，反对迷信；其次要有坚定的意志，坚持独立思考，不随波逐流，不人云亦云。有些属于文化糟粕的东西很有噱头，容易引起不明就里的外国学生的兴趣。但是，不能因为学生对什么感兴趣，人们就跟着夸什么、宣传什么。人们要有自己的原则、立场和眼光，要自己掌握主动权，并努力向学生解释，帮助他们正确理解中华文化中的种种复杂情况。如果学生实在想要了解，教师可以给他推荐合适的参考书，让他自己去阅读。

（三）妥善处理敏感问题，维护国家尊严

敏感问题是对外汉语教师难免要面对的问题，敏感问题往往和政治有关。由于西方长期对中国并不了解，在一些国家甚至存在长期的歪曲介绍和宣传，使得人们在有的时候不可避免地要面对许多这方面的困难，甚至矛盾冲突。一些对政治感兴趣的外国学生，尤其是汉语表达能力比较强的高级班学生，有时会在课堂上提出一些比较敏感的政治问题。并不主张在语言课堂上过多谈论政治话题，更不主张教师主动提起敏感话题，但是如果遇到学生提问此类问题，教师还是应该给予回应。对于这类的问题，在外国学生面前，人们必须能够自信地有理有据地应答。

除了课堂上的辩论，当教师被派到外国去的时候，面对的不仅仅是学生，更有许多外国教师、外交官等各类人物。在各种民间外交场合，人们碰到这类问题的情况会更多。其实，世界上的许多矛盾和冲突来自于误解，来自于信息的不足。大家坦诚地交换意见，交换知识和信息，有助于消除隔膜和误解，从而达成共识。当然，有些问题不是几句对话就可以解决的，但人们至少可以让对方了解人们的观点和支撑这些观点的知识、信息和思维逻辑。

还有一点很重要，在进行说明的时候，一定要保持温和礼貌的态度，不能动怒，更不能失态。要有理、有力、有节地应对这些敏感问题，回应有力而又不失君子风范。这一点最难做好，需要教师拥有优秀的综合素质。既要有课堂组织经验，又要有交际、辩论、应对能力。最重要的，要有比较全面、扎实的相关历史文化知识，还要能够随时跟踪世界局势，把握时事动向。如果没有足够的文化底蕴，就只能落荒而逃。

（四）树立自身良好的形象

“民间文化大使”这一特殊身份，对于人们来说是压力，也是动力。它推动人们进步，让自己变得更优秀。当人们和外国人在各种场合进行交流的时候，人们代表的是中国的知识分子、中国的文化精英。整洁得体的服饰、深厚的学养、良好的知识结构、谦逊礼貌的态度，就是人们最好的名片，能够帮助人们获得外国友人的好感和尊重。这种影响是潜移默化的，这种工作是需要长期努力的。

三、对外汉语教学课堂里的中华文化传播

对外汉语教学课堂是传播中华文化的重要场所。在上课的时候，要注意如下一些方面。

（一）根据学生的年龄、汉语程度灵活处理

过去，人们主要是在国内的大专院校内给来华留学生教授汉语。随着对外汉语教学事业向海外广泛推进，我国已经在全世界许多国家建立了孔子学院，成千上万的汉语教师、汉语志愿者辛勤工作在从大学、中学、小学到幼儿园的各个层次的工作岗位上。各个地方的人文环境、教学条件差别很大，教师也要面对不同年龄、不同文化背景、不同文化层次、不同语言能力的学生。因而在进行文化教学时，就必须根据具体情况，因地制宜，因人制宜，使用不同的方法。

对于中小学生，应该更多地强调趣味性、参与性。可以多做手工，做游戏，学书法和国画，看电影，等等。如果这些学生是在中国国内的中小学插班学习，那么汉语水平提高得会很快，对中华文化也会有比较切身的体会。而如果是在外国的普通中小学，由于没有汉语环境，这一阶段的教学任务还是应该以语言教学为主，能够让学生消除对汉语的陌生感也很有意义。

到了大学，学生的心智已经成熟，对文化知识的需求也会大大增加。这一阶段除了要继续加强语言教学之外，就要有意识地教中华文化知识了。不过，也要根据学生的汉语水平高低，而做出一个循序渐

进的安排。初级班的学生，仍然要以感性的、形而下的教学手段为主，以引发学生的学习兴趣。到了中高级汉语水平的学生，就可以开始给他们介绍中华文化的精髓及核心价值观了。中高级班的学生，应该也有能力上文化选修课、听文化讲座了。各学校可以根据本校特色和师资实力，做出不同的安排。

（二）主课、选修课与文化讲座互相配合补充

精读、口语、读写这样的主课，是以语言教学为主、文化教学为辅的。而一些文化类选修课，如中国历史、中国概况、中国文学、中国哲学、中国艺术、中国影视等，则可以提供总体的知识背景。具体的文化讲座，就可以针对某一知识要点，集中深入地讲解，给学生留下深刻印象。这些课型互相配合，互相补充，相得益彰。每位教师可以根据自身爱好与特长，找到自己最合适的课型，深入钻研，寻找最好的授课方式；同时多与其他课型的教师互相交流学习，既能完善自己的教学技能，也可以共同提高学校的整体教学水平。

在所有课型中，文化讲座是最能够集中传授文化知识的，而且一般也都没有现成的教材可供依凭，需要教师自己准备讲义和课件。所以，对于任课教师来说，有许多需要注意的地方。首先，要精选讲座内容。要选自己有研究、有把握的专题，不要盲目追求吸引眼球，弄一些花里胡哨、自己却把握不了的东西。把自己的课讲出特色来是最重要的。其次，课程的内容要与学生的语言程度相适应，这样才能达到预想中的教学效果，课堂互动也会比较好。如果对程度较低的学生讲太高深、太抽象的内容，学生会听不懂，也会缺乏兴趣。要用学生能够听懂的词汇、语速来讲文化课，做到深入浅出，尽量避免用艰深的术语。这需要很高的教学技巧。最后，要精心准备，保证内容的准确、生动，还要合理安排时间。讲座的时间有限，不可能安排太多内容，突出关键内容即可。要注意讲座内容各部分之间的比例。有的老师往往前面的部分花了太多时间讲解，结果后面的部分就没有时间了，造成头重脚轻的结果，留下一些遗憾。

而文化讲座的组织者（教研室主任、教研组组长），则要对整个学年、学期的所有文化讲座有一个全盘规划，兼顾各个方面、各种话题、

各种难度，避免话题、风格的单调和趋同。要充分调动现有师资，发挥老师们各自的长处，鼓励老师们多研究、多尝试。如果是师资比较充裕、每周可以开一个文化讲座的院系，安排讲座可以按照从易到难、从直观到抽象的顺序。比如，学期开始可以先安排讲留学生最急需了解、兴趣最大、又比较容易理解的中国饮食、中国旅游、所在城市的概况等等题目。然后再由浅入深，讲中国的民间艺术、建筑、服饰、书法、美术、曲艺、戏曲、节日、生肖文化、语言禁忌、历史人物、社会问题等。到学期的后面一段，学生的汉语程度已经又有了提高，就可以讲更难、更抽象的内容了，如中国文学（如唐诗、四大名著）、哲学、宗教等题目。凡是和古文有关的话题，建议都往后安排，因为古文对于外国学生来说确实很难。有些题目很抽象、很难讲，却非常重要、应该讲，如孔子和儒家文化。

（三）仔细备课，多查相关资料，确保知识点的准确、全面

备课是教学的重要一环，备好了课就等于成功的一半。备课的时候，不能偷懒怕难，要充分准备，苦下功夫。对于文化课来说，准备一堂课可能需要查阅很多的书刊资料，还要搜集多媒体素材，制作PPT课件，工作量是很大的。查资料的时候，要多查专业的、可靠的参考书，不要简单拷贝网上的东西。现在网络上的材料质量参差不齐，错误可能非常多，只能参考，不可信据。如果为图省事、图方便而随便拷贝，就很可能闹笑话。这样的事情已经发生过很多。如果要利用网上看到的资料，一定要找到相关书籍或原文，进行仔细核对。最常用的那些参考书，应该购买，常备家中，伸手可得。

对于要讲的文化课题，要进行广泛、深入地阅读，掌握真知，这不但利于把课讲好，也可以帮助教师本人增加认识、提高素养。而如果只是走马观花、浮光掠影，就容易造成一知半解，讲不到点子上。更有甚者，自己没有弄懂，就匆忙把错误的知识传授给学生，这样非但不能起到传播文化的作用，反而误人子弟。

一个中学对外汉语教师的文化样课展示会上，有好几位教师都以中国的春节作为自己的讲座题目。关于过年的来历，他们都用了一则同样的材料，说最先“年”是一种狰狞凶残的怪兽，每一年的最后一

天都喜欢出来吃人。后来有一个老人贴出红纸，点亮烛火，燃放鞭炮，就把“年”吓跑了。从此以后人们都照此学习，于是形成了“过年”的风俗。

这是一则最常见的传说。这个信息很容易获得，却相当不准确，如果说真的有过这个传说的话，它出现的时间也是非常晚的。因为火药在唐代才发明，真正的鞭炮在宋朝才出现。而说“年”这种怪兽“每一年的最后一天都喜欢出来吃人”，本身就存在逻辑上的矛盾。

要弄清楚这个问题，首先要搞懂什么是“年”。许慎《说文解字》说：“年，穀（谷）孰也。从禾，千声。《春秋传》曰：‘大有年。’”所谓“穀孰”，就是谷熟，指谷物成熟。《春秋左传》里说的“大有年”，就是指的大丰收。但是许慎说年字“从禾，千声”是错误的。根据出土的甲骨文、金文材料，早期年字的写法，上面是一个“禾”，下面是一个“人”。所以容庚《金文编》说：“年，从禾，从人，人亦声。《说文》非。”

简单说来，“年”本来是一个会意字，画的是一个人背负着成熟的禾谷庄稼。所以，“年”指的就是谷物成熟。古代人在漫长的生产劳动过程中总结出了一个自然的生命周期，并按照月亮的圆缺规律创造了历法。以当时中原地区的生产条件，在这个自然周期中，谷物只能成熟一次，所以用“年”来给这个周期命名。中国是一个农业国家，庄稼的收成是最大的事情。在旧年结束、新年开始的时候，表达对旧年的感念，对新年的祈盼，就逐渐形成了过年的习俗。这个习俗开始的时间是非常早的，可以上溯到几千年前，绝不是从哪个偶发事件后突然产生的。而它形成发展的过程又是很缓慢的，在漫长的历史中不断被加进新内容，变得越来越丰富，终于形成了今天这么蔚为大观的春节文化。

给外国学生讲课，未必需要讲得这么深入、详细，但是作为教师，不能不知道其来龙去脉。类似怪兽“年”这种传说性的东西，并不是一种准确的知识，在以知识传授为目的的文化讲座中使用的时候要慎之又慎。当然，为了提高趣味性，也不是不可以和学生说，但是一定不能占用过多篇幅和时间，更不能喧宾夺主，把它作为过年风俗的真正起因来传授给学生。教师必须花更多的时间，来讲过年的真正意义。

这个例子说明，备课和做学问一样，需要有非常严谨的工作态度和踏实钻研的精神，不能投机取巧。作为教师，如果要教给学生一分知识，自己就得掌握十分，要对自己的课程内容非常熟悉，要知其然，还要知其所以然。

（四）用多种方式和手段提高教学效果

课堂上，可以充分利用多种方式来进行教学，其中最常见的是多媒体方式。孟子说："仁言不如仁声之人人深也。"（《孟子·尽心上》）意思是说，仁德的言语不如仁德的音乐入人心之深。因为音乐有娱乐性，更容易为人们接受。这里面包含了一个很重要的传播学的道理。人们平常说的"寓教于乐"，也是这个意思。

有的老师身负才艺，也可以在课堂上亲身作展示。北京某大学的一位老师，对京剧非常精通，自己也常年练习青衣的演唱功夫。她每次在"京剧艺术"文化讲座上，都亲自表演给学生看，获得满堂彩。还有的老师擅长书法、国画、民乐等，也都可以在课堂上一展风采。这种近距离的展示，给学生带来的冲击力比看视频要大得多，更容易引起他们的好奇心和学习欲望。适当的情况下，可以让学生一起动手实践，如泡茶、剪纸、做风筝等。这些活动可以增强学生的参与感，提高他们的兴趣。

（五）将中外文化相关要素进行类比、对比说明

由于外国学生的文化背景与中国不同，有时对中国的一些文化元素很难理解，尤其是那些比较抽象的东西，如哲学概念、文化理论等等。这时，可以找学生本国文化中的类似物，来帮助学生理解。

除了用类比，还可以用对比的方法，将中国与外国在同一类文化问题上所表现出来的差异进行比较，来说明相关问题，加深学生的印象。比如中国的龙与西方传说中的龙（dragon），形象与文化内涵其实完全不同。师生一起对此进行对比，可以使课堂饶有兴味。

再比如，说元宵节与中秋节时，会谈到中国人对于月亮的感情，对于圆月的喜爱，因为它象征着家庭的团圆、人生的圆满幸福。此时就可以与西方人的不同观念相对比。西方人不喜欢月圆之夜，认为此

时妖魔鬼怪都出来了，四处横行，人在此时应该避免外出。通过这样的鲜明对比，学生们尤其是西方学生就留下了深刻的印象。

类比法、对比法可以操作的空间很大，教师、学生自己可以多多琢磨，如何善用这两种方法。

（六）注意与学生的互动，避免伤害学生感情

教师除了自己讲授，也可以让学生谈谈他们的意见、疑问，或谈谈在他们的国家人们对于某些文化问题的看法，以及处理相关事情的方式。如果学生们对某一问题的看法差异比较大，在课时允许的情况下，也可以组织学生进行讨论或辩论。通过互相比较，加深大家的认识，达到共同进步。在这个过程中，教师自己也能够获得许多教益，这就是"教学相长"。在学生讨论的时候，教师是主持人；要注意掌控形势，不要让学生跑题，或导致争执吵架。

教师要了解一些国家、民族的重要禁忌，避免伤害学生的感情；还要注意学生对某些文化内容的反应，及时做出反应和调整。

四、对外汉语教学课堂外的中华文化传播

在课堂以外，也可以通过多种形式进行中华文化的传播。在国内是"主场"，可以选择的方式很多；而在国外是"客场"，客观条件就要受到许多的限制了。当然，不管是在国内还是国外，许多东西还是共通的。下面就分别加以探讨。

（一）国内的中华文化传播方式

包饺子等饮食活动很有意思，既可以让学生亲身体验中国的饮食文化，学会点菜，也可以增进师生感情。在约定一起吃饭之前，一定要注意了解学生的国籍、信仰，弄清楚他们有没有饮食禁忌。犹太人、穆斯林不吃猪肉猪油，印度教徒不吃牛肉，欧美人则一般很反感吃狗肉。如果学生中有穆斯林，可以带大家去清真餐馆吃饭。①

电影、电视是了解一个国家文化的一扇窗口。依据不同的目的，可以选不同的剧目。如果是为了提高学生的听说能力，那么可以看一

① 李雯婧．对外汉语教学应重中华文化教育［J］．语文建设，2017：18．

些比较贴近生活的时尚剧之类的，不必要求有多少文化内涵。若是为了让学生更多地体验中国文化，则可以选择一些经过考验的、艺术水平较高的经典电影，如《霸王别姬》《活着》《红高粱》等。另外，历史题材的电视剧也有不少好作品，如《康熙王朝》《雍正王朝》《走向共和》《大明王朝1566》《大宅门》《贞观之治》《武则天》等。文学方面，由四大名著改编的电视剧也都有经典的版本。这些剧目都可以介绍给学生，让他们观看。

此外，也可以带学生看京剧（或其他戏曲剧种）、话剧、民族歌舞，听相声曲艺、汉语诗歌朗诵会、民族音乐演奏会等。除了这些表演性的艺术，书法和国画也是中国的国粹。带学生去看这类展览，也都是不错的选择。如果有专门的兴趣班，可以介绍给学生们。那些喜欢运动的学生，一定不会拒绝学习武术、太极拳。这么多选择，每个人都一定能够找到自己喜欢的项目。也许不少学生会爱上其中某一两种，成为它的有力传播者。

如果去景点或野外旅游，要注意选择地点，确保安全。有些地方有安全隐患，一定要慎重考虑，三思而后行。例如，北京有些地方的野长城，未经当代重修改造，保持了古朴厚重的历史原貌，极具文化价值，风景也非常不错。但是山势险峻，而且墙体多有颓坏之处，人容易失足摔倒。遇上雨雪等恶劣天气，容易遭到雷击，或被困在山上挨饿受冻，出现危险。教师最好不要带学生去这类容易发生危险的地方。

（二）国外的中华文化传播方式

在国外，会遇到许多在国内不会遇到的困难。

首先，学生一般有对母语的依赖，不愿意多说汉语。一些学生上课的时候往往喜欢用母语与老师交流，而下课后没有汉语环境，就更加难以坚持练习汉语。在这种情况下，汉语教学效果往往比在中国要差很多，学生的汉语水平也往往提高得较慢。同理，要介绍中国文化，难度也比在国内要大很多。文化内容本来就比一般日常交流的汉语要抽象得多，所以讲授起来对教师的外语水平和教学技巧都是一个不小的挑战。

其次，客观条件欠缺。在国外没有中国的名胜古迹和博物馆可以参观，看各种中国文艺演出的机会也大为减少，中国餐馆很少，即使有也往往不正宗。同时也缺少精通各种技艺的专业人士。

在国外教汉语，首先要时刻提醒自己注意，要尊重所在国的文化传统。尤其是在那些生活习俗与中国差异较大、禁忌较多的国家，更是应该多多留心。必须先融入当地社会，为其所欢迎、接纳，才能谈得上传播中华文化。在这个过程中，教师本身也需要克服许多现实的、心理的困难，克服语言难关和文化休克现象。有些教师不能适应国外生活，与当地居民、同事、学生不能融洽相处，结果任职期限未满就只好提前回国，这样的例子也并不少见。

在国外，教师应该立足于现有条件和自身能力，尽可能多地在课外举办各类文化活动。教师个人就可以主持的活动，有播放中国影视作品，介绍中国饮食文化、茶文化、酒文化等。教师如果具备某种才艺或特长，不妨充分发挥，教学生唱京剧，打太极拳，下围棋、象棋，练习书法、国画、武术、中国歌舞、剪纸、做中国结等。每逢中国节日，还可以与所在大学密切合作，组织相关活动，如节日晚会等。

与学生进行交谈，也是一种非常有效的传播文化的方式。在国外缺乏其他条件的情况下，这种最简单最易行的方式会更加凸显其重要性。在课下进行交谈，可以把课堂上来不及展开的话题进行深入讨论，教师也有更多的机会和时间来“因材施教”，给那些对于中华文化特别感兴趣的学生以更多的辅导。

第三节 跨文化传播中的对外汉语教学网站的设计与开发

中国的国际化进程在“让中国走向世界，让世界了解中国”口号声中加速前进着。在跨民族、跨地域、跨国家的经济交往中，同时进行着文化上的传播、碰撞、渗透、融合的相互作用。语言是文化传递的载体，因此语言学习是跨文化交流的第一步。全球范围内出现的汉语学习热潮反映出“中国走向世界”已经迈出了一大步，但是“让世界了解中国”还任重道远。对外汉语教学正是将中国文化的深厚底蕴和汉语的独特魅力展现给世界的一种跨文化教育传播行为。开发汉语学习网站，是对口传身教以外的传播形式的一种尝试，其目的是在多媒体网络环境下实践对外汉语教学模式的改革，提高留学生的学习兴趣和学习效率，营造一个融合超文本、多媒体的语言学习环境，开展信息化的跨文化传播实践。

一、需求分析

社会发展的国际化必然需要语言进行跨文化传播，这是继全球经济一体化和信息网络化之后，出现的新的国际性问题。国际交流的加强和中国在国际地位的提升，使得世界上越来越多的人开始关注中国，中国对外沟通和频率有了大幅度提升，并且吸引了大量外国人来华深造和工作、生活，这必然会催生更多的学习汉语和了解中华文化的需求。报纸、杂志专门用于提供给外国人观阅，以传播中国的语言文化、社会背景和民俗风情，互联网技术的深入广泛发展，出现了很多专门宣传中国文化、语言和历史的网站，并且已经初具规模。但是，可供留学生学习的网站在内容上和形式上比较单一，一些教育平台是以收费的方式存在。在这种不利环境下，对学习网站的开发设计要重点突出主题、量体裁衣。因此，可以将学习主题定为汉语词汇，这是由于词汇的大量掌握要经过不断、反复的阅读和记忆，且词汇的记忆和理解是非常枯燥的学习内容。运用多媒体等新兴教学技术，将词汇进行联系，同时能够有效增加学习乐趣。

例如，对外汉语词汇学习等相关学习网站，既满足了学生课堂外的学习拓展要求，又成为一种学习支持平台，对汉语词汇的课堂教学起到一定辅助作用。

二、用户分析

华南师范大学国际文化学院的学生成为网站的主要用户，这些学生来自法国、美国、德国、越南和泰国等国家。留学生的文化背景和风土人情各异，导致他们具有不同的学习习惯和学习风格。因此，若继续采用单一的教学模式，标准化的考查方式以及相对闭塞的学习空间，将不利于他们提高学习效率。[①]

留学生对学术成绩和毕业文凭的重视程度，往往和中国学生有很大差异。他们的关注点更加侧重在实际交流和实用知识的掌握。他们认为相比于在教室进行学习的方式，打工和旅游的效果将会更好。因此，对外汉语教学中要避免教材内容单调乏味、形式单一的问题，因为源于文化背景的差异，枯燥乏味、信息狭隘、形式单一的学习网站是无法获得留学生青睐。此外，跨文化传播中，完全不同的价值观和文化信仰，将对学习者产生重大冲击，文化冲突也是不可避免的。因此，有可能导致留学生对中国文化的态度从热情好奇到失去兴趣。这种情绪的转变来自学习过程的枯燥无趣，还有部分源于媒体的不实宣传。这要求在宣传汉语文化和中国特色时，要实事求是，防止过度夸张的报道。

三、专题内容设计

听、说、读和写的语言能力都离不开词汇的重要作用，加上汉语词汇本身具有丰富多彩，使用灵活、发展速度较快的特点。要数量把

---

① 梁美娜．跨文化传播中的对外汉语教学网站的设计与开发［A］．教育部全国高校教育技术学专业教学指导委员会教育技术的创新、发展与服务——第五届教育技术国际论坛论文集（上册）［C］．教育部全国高校教育技术学专业教学指导委员会：湖北省科学技术协会，2006：4．

握汉语的运用，必然要先掌握好大量的词汇。语言的建设是以词汇为基础和单位，词汇是学好语言的前提条件。该网站的目的主要是为了详细阐述汉语词汇知识以及学习方法，并通过相应的主题知识和背景材料，将词汇进行分门别类，提升网络链接的利用率，开展网上学习活动，并对学习过程和效率进行评比和控制，将学生反馈信息进行及时收集，从而获取一个较系统的教学流程。

网站包括词汇教和学、词汇学和考、词汇问和答及其他功能模块四个方面内容。

（1）词汇教和学模块中包括三个方面的知识类型。一是基础性知识，汉语词汇中的同义词、同义词、虚词和词语搭配四个部分都属于这一类；二是应用性知识，具体包括词的解析和熟语学习两方面；三是拓展性知识，这些内容主要包括如何将词汇置于中国传统文化之下，进行语言氛围营造。

学习内容可以通过声音、动画、图示和文字等形式进行表现，且根据不同的主题进行深入联系，具体包括引言、学习方法指导、知识点、练习和讨论等部分，联系成一个较系统的学习过程。对汉语的学习不断要重视基础性和应用性知识的传授，还要将文化进行适当融合，这样才能有效体现汉语是中华传统文化的传承媒介和载体的重要性。这样，留学生才能认识到学习汉语并非简单的记忆词汇。二是每一个字、每一个词都蕴含着丰富的文化内涵，学习汉语不是简单的记忆词汇，而是对文脉的掌握；利用上下文的意境掌握知识的有关重构和迁移。

（2）词汇学和考的模块中，根据学习者的实际学习情况和基础，有针对性地在 HSK 试题库中，设置了离级和初级两个层次的试卷，并进行在线测试。

（3）词汇问和答模块的主要作用是布置课后作用，对学生的意见和反馈进行收集，了解学习小组的交流情况。语言教学中，不能忽视交流的重要作用，它不但是学习手段，更是学习目标。留学生对汉语表达方式的习惯，需要进行大量的练习完成。对于留学生来说，汉字输入法是一项难度很高的挑战，但是网上论坛的记录功能，使得学生可以随时查看自己说的话和用过的词汇，这样能够有效提高学生对词汇、词形的认识，是词汇学习的一个重要方式。

尽管留学生是在中国求学，但是他们在网络交流中，使用母语时往往要高于使用汉语。中文网络社区对于留学生来说，具有较高的语言障碍门槛，他们没有一个能够进行汉语表达的虚拟平台，在网络上往往表现出孤立无援的无力感。这要求一个适合的平台，通过老师设置话题，并要求使用规范化的语言，进行学生和老师间的交流和沟通，加大信息量的扩充，让学生之间产生较好的凝聚力，同时对教学效率的提高也有一定的积极意义。

(4) 其他功能模块。相关资源模块能更好地为词汇教和学提供支持。具体包括教学参考书、网上学习资源、汉语网上词典、中国生活小常识等内容。但是，留学生在中文搜索引擎中无法发挥自己的中文信息素养，很难找到合适的、有意义的学习信息。该学习网站则针对留学生设置了海量的网络资源链接，让留学生能获得较好的网上学习感受。

通过学习心得模块，可以随时掌握学生在学习过程中所遇到的问题、收获和感受，该模块一般归于词汇问和答模块中。

四、网站特色

(1) 教给学生学习方法。将学习方法指导提供给学生，让学生真正可以利用网络进行学习；选择背景信息比较丰富的素材，以提高学生迁移知识的能力。

(2) 完整的学习流程。任何一个知识点都包括引言、学习方法指导、知识点、考一考、练习、讨论和思考等具体环节，提供学生探索学习的机会，对学习的整个过程产生较好体验。

(3) 强调词汇的民族性。将中国传统文化和日常生活中的实际用处呈现在留学生面前。该学习网站运用了很多中国特色的因素，随时可以看到很多如水墨画、皮影戏、熊猫和柱子等元素，将各种寓言故事、风俗民情和生活场景融合知识中，激发学生的发散思维是非常有利的，将中国风格这一元素作为多媒体设计的重要方向。

中国文化源远流长，汉语词汇部分只是非常微小的一个组成部分，在教学时，要根据留学生的具体情况进行提高和改善，而且一些流行语和社会热点也可以融入文化模块中，避免将知识点限制在传统文化内容。此外，要根据外语教学和双语教学的要求，考虑是否将英文注释和英文模块进行添加。并要注意怎样和留学生进行文化交流，让留学生通过已有知识的基础内化新学知识。

对外汉语词汇学习网站的设计、开发是推动“对外汉语”教学模式改革的一次尝试。在进行设计时，结合教学设计观点、跨文化传播观点和对外汉语教学观点等各种学习观点，而且对自己的定位不只是知识传播载体，而是作为文化传递的载体。通过汉语词汇的讲解，可以让留学生了解中国的政治、经济、文化等内容。

除此以外，对外汉语词汇学习给留学生提供了一个中文学习网站，让留学生可以接触到中文网络社区，给他们提供一个中文的网络社会，在这里可以找到多元化背景的同学，使得留学生的网络交流不再以母语为主，真正融合汉语的网络交流中。从此层面来说，该学习网站的主要功能不再只是教学功能，更重要的是体现在跨文化传播用途。

第六章　对外汉语中的传统文化传播与教学模式分析

中国有着五千年的文明史，传承下来的文化博大精深，源远流长，其中主要包括传统思想、汉语文字以及语言，另外还有一些其他文化，比如建筑、茶、酒、棋类、服饰、传统民俗等文化。现阶段，我国所开展的对外汉语教学及文化传播中，主要的教学内容包括中国的传统文化思想、茶文化、中国结、酒文化、太极拳、中国历史等，这些都是针对留学生所开展的教学内容。在中华传统文化的传播内容被选定后，还将面临着一个难题，是如何对这些思想和文化进行有效传播，特别是在面对来自各国留学生所开展的汉语及传统文化教学。

本章以茶文化为例，重点论述对外汉语中的中国传统文化、“一带一路”对外汉语传播的创新模式、对外汉语中的中华传统文化传播模式分析、面对留学生的中华传统文化课程教学分析、以茶文化为例的留学生课程教学设计分析、中华传统茶文化教学与传播效果评估。

第一节　对外汉语中的中国传统文化

每个人对于“文化”这个概念都有着不同理解，也会产生不同的看法。季羡林先生曾指出，人类给文化这个词下的定义已经不少于500个，说明了一个事实，那就是文化难以被概括出一个具体的定义。很多学者认为，人文科学同自然科学之间在这方面有着很大差异性，因为人文科学范畴内的很多名词很难有一个确切定义。因此，文化是一个非常广泛的概念，既包括精神类的，也包括物质类的，只要对人有益，那么就可以被称为“文化”。

文化所涵盖的范畴非常广泛，也异常复杂，包括与物态有关的文化、与制度有关的文化、与行为有关的文化、与心态有关的文化，其中最为核心的是价值观念，也就是文化在上层建筑中的表现。凡是具有民族特色的，能够作为中国传统文化代表，被汉语学习者感兴趣，被其他民族的民众所需要并喜爱的中华传统文化，都可以作为对外文化交流和传播以及教学的内容。

现阶段，我国对外汉语教学的对象已经不仅包括高校留学生，还包括很多对中华传统文化感兴趣，或需要进行跨文化交际，从事与汉语相关工作的外国人。

一、中国传统文化内涵

中国传统文化究竟是什么？我国学者对此有不同看法。传统文化指每一个民族历经长期的发展，随着时间的推移逐渐形成并不断发展，具有一定的保存价值，形态较为稳定的一种文化。中国传统文化指在多元化文化中占有主流地位的华夏民族文化，经过发展，不断融合和发展，形态相对稳定的中国文化。这种文化包涵的内容及层面较多，主要有传统思想观念、传统生活方式、传统宗教信仰、传统价值取向、传统道德标准、传统礼仪制度、传统思维方式、传统文化艺术等。传统文化会在经过长期发展后，形成一定的文化积淀，由传统文化发展成为一种民族精神，而且这种民族精神较为稳定。因此，在对外进行汉语教学的过程中，应当大力弘扬中华优秀的传统文化。

中国传统文化通常指1840年以前中国的古代文化。主要内容包括十个方面：传统宗教、传统戏曲、传统艺术、古代哲学、古代文学、古代教育、传统节日、传统礼仪、古代科技及传统饮食文化。尽管近现代人们的生活节奏已经远远超越了很多古代传统文化的原有节奏，但随着时代发展，中国人的思维方式、生活方式发生了天翻地覆变化，但是中国社会的转型以及快速发展，实际上源于中华传统文化。中华传统文化有着自身无可替代的文化价值。中华文明的演变、中华民族性格的演变都促成中华传统文化的发展。

二、对外汉语与中华传统文化

就目前的对外汉语教学而言，在中华传统文化这个模块这存在一些不足。①对中华传统文化重视不够。对外汉语课堂主要是语言知识教学，中华传统文化课程很少；②教材不丰富。对外汉语教材市场专门针对留学生中华传统文化教学的书籍不是很丰富。目前，使用较多的一般是北京语言大学出版社出版吴晓露主编的《说汉语谈文化》，以及北京语言文化大学出版社出版张美霞主编的《说字释词谈文化》系列丛书；③师资匮乏。对外汉语教师很难做到样样精通，所以中华传统文化专业教师的需求就格外的迫切，但是现在专门从事中华传统文化对外汉语教学的教师还比较少；④重理论轻实践。在对外汉语传统文化教学中，往往存在大量的理论灌输，而文化实践偏少的现象。

开展对外汉语工作的目的，是使炎黄子孙乃至全球汉语爱好者更加全面深入了解汉语和中华文化。从长远意义考虑，这项工作是一个高瞻远瞩的重要决策，对于促进中华传统文化的传播具有重要促进作用，提升整个国家的国际竞争力，充分发挥汉语在人类语言发展进程中的重大价值，提升汉语在人类语言史中的地位，使中国人民以更加伟岸的身姿屹立于世界民族之林，为推进文明的多样化做出更大贡献。从这个角度来说，对外汉语教学对于促进中华传统文化教学与传播具有更加深远价值。

文化在对外汉语教学中，特指针对外国汉语学习者在汉语学习和使用时，在日常生活、工作中能够使用频率较多的“文化”，包括所有在汉语语言学习和使用过程中用到的文化，对外汉语教学中的重点内容不仅包括语音、语法和词汇，还有文化。而且对外汉语教学过程中文化教学承担了价值观输出的责任，目的是为了使中国传统文化发扬光大，使外国汉语学习者树立起中华文化的价值观，让外国人真正了解中国文化，端正学习态度，激发学习动机。在对外汉语教学过程中，通过在学习初期从简单易学的传统文化入手，逐渐提高难度，引导和帮助外国的汉语学习者慢慢熟悉中华文化，避免出现“文化休克”现象。

对外汉语教学中的中华传统文化，应该包含经过上千年历史变迁而沉淀下来的经典文化，而且同样能够获得汉语学习者的格外青睐和高度关注，推动对外汉语教学和知识的广泛传播。

外国汉语学习者通过学习汉字、词语、句法，掌握一定程度的汉语之后，希望从更深刻的角度认识中国的社会现实和中华文化。从对外汉语教学中一个模块来说，比如中华传统文化板块，通常教学内容主要围绕中国传统生活展开，类似于茶文化、酒文化、食文化等方面。

在对外汉语教学中要把中国历史与地理、中国哲学与宗教、中国文学、中国艺术、中国工艺、中国建筑与园林、中国民情与民俗、中国风景名胜、中国科技与教育、当代中国国情纳入教学内容的范畴。

此外，国务院侨务办公室编写《中国文化常识——中德对照》中，把外国人应该了解的中国文化常识列举如下：中国传统思想、中国传统美德、中古古代文学、中国古代科技、中国传统艺术、中国文物、中国古代建筑、中国工艺美术、中国民俗、中国人的生活十个方面。借鉴以上著作以及个人对于中华传统文化的认知，人们认为在对外汉语教学中至少涵盖以下中华传统文化内容，见表 6-1。

表 6-1 外汉语教学中涵盖的中华传统文化内容①

中国传统思想	中国古代文学	中国古代科技	中国传统艺术	中国饮食文化	中国服饰文化
孔子	唐诗	指南针	京剧	茶	汉服
四书五经	宋词等	造纸术	书法	酒	唐装等
儒家思想		印刷术	中国画等	菜系等	
佛学思想等		火药			
远古神话		地动仪等			

具体到中华茶文化，对外汉语教学中要教授的内容大致应包括，茶的相关定义，茶的种类，茶的起源、历史，茶文化的内涵，茶艺（采摘、烘干、泡制、待客等），茶具知识（分类、烧制、与茶的搭配等），中外茶文化对比，《茶经》（学习、阅读、研究），茶道，品茶（方式、礼仪等），茶学体系，茶与艺术，茶与养生等。

① 本章图表均引自：周朋．对外汉语中的中华传统文化传播与教学［D］．湖南大学，2013：15—40.

第二节 “一带一路”对外汉语传播的创新模式

当前，世界各方在“一带一路”国际合作高峰论坛上通过了联合公报，达成多项共识，取得了270多项成果，涉及政治、经济、企业、投融资、文化、媒体等多个领域。作为“一带一路”沿线国家民众沟通的主要工作和民心相通的重要载体，语言对于促进沿线国家之间文化的相互认知和理解，具有不可替代的重要作用。目前，“一带一路”沿线国家已建立100多所孔子学院和100多个中小学孔子课堂，以让更多的人深入了解中国，但是缺乏对“一带一路”汉语传播的整体规划和完善设计。汉语在“一带一路”的互联互动、人文交流、文明互鉴中具有日益凸显的价值，同时，“一带一路”建设蓬勃发展的新阶段，为汉语的对外传播开启了新的空间，带来了崭新机遇。因此，需要人们深刻反思当前“一带一路”背景下汉语传播现状，创新探索“一带一路”背景下对外汉语的传播模式，以更好地提升对外文化传播影响力。

一、弘扬中华优秀传统文化

以继承和发扬中华优秀传统文化为出发点，结合现代丝路精神，历史与现代交融，培育和践行社会主义核心价值观。对外文化传播对于一个国家和民族来说，根本要义是传播本国和本民族的价值观念，传承民族精神并且发扬光大。制定“一带一路”倡议传播汉语的初衷和目的，是传承、发扬中华优秀传统文化精神和现代丝路精神，使社会主义核心价值观贯穿于社会主义各项建设中。中华文化源远流长，不仅其内容极为丰富，涉及面也极为广泛，开放精神体现在文化的博大精深和包罗万象。

“一带一路”倡议的提出是建立在历史文化基础上，但是目标是为了长远发展，这一倡议虽然是中国率先提出来的，但是它应该属于整个世界。丝绸之路为不同民族、不同种族、不同宗教和不同文化互动交流提供了一个广阔平台，使多种族、多信仰、多文化背景的国家可以求同存异，促进世界和平发展，经过长期交流合作形成了丝路精神，即“团结互信、平等互利、包容互鉴、合作共赢”，不但使中华优秀传统文化精神得到传承和发扬，也为“一带一路”倡议树立鲜明正确的价值导向。①

通过传播汉字，传承和弘扬中华优秀传统文化内涵和丝路精神，是“字说中国 节传文脉”文化传播项目建立的宗旨。中华文化历史悠久，博大精深集中体现在汉字的奇妙性。汉字是中华民族文化的活化石，是历史的载体，是前人智慧的结晶，有着浓郁的文化意蕴、独特的文化魅力和深厚的民族情结；节日、节气是中华民族悠久历史文化的重要组成部分，它的形成是一个民族或国家的历史文化长期积淀凝聚的过程，蕴含着深邃丰厚的文化内涵。

中华民族在漫长的历史中形成自己灿烂的文化，这种文化对于民族的延续，对于国家存亡，有着特别重要的意义。这些民族文化是中华民族的宝藏。中华文化积淀着中华儿女最深沉的精神追求，几千年的历史更迭，中华文化推动了民族和国家的发展，让中华民族在世界民族之林处于更高的地位。

“字说中国 节传文脉”之“文创黄陵”是在陕西开展的中国优秀传统文化传播活动，推出“字说黄陵”之“文”字，旨在以“字”作为主题元素，以“节”为辅助内涵，挖掘“文”作为黄陵形象的人文与时代内涵。主要是为了传承和弘扬重文、兴业、惠民、崇德、尚和、创新的黄帝精神。黄帝陵是中华文明的精神标志，需要人们“追根、溯源、寻魂，”做到“以文化人、以史资政”。作为中华民族的人文始祖，黄帝是中华民族统一的象征，黄帝文化内蕴的精神，是中华传统文化的根源和主干，蕴含着丰富的中国精神和厚重的历史文化内涵，为中华民族复兴提供了不竭的动力源泉。该文化创意活动，以汉字“文”为线索，通过阐释“文”蕴含的核心价值观内涵，更好地传承和弘扬了中国优秀的传统文化，以及内涵丰富的黄帝文化和中国精神，构筑了中华民族共同的精神家园，为坚定中华民族伟大复兴的文化自

① 王丽．“一带一路”对外汉语传播的创新模式［J］．青年记者，2017（32）：41－42．

信做出了努力。

二、丰富对外汉语传播形式

创新对外汉语传播形式，以受众为主体，增强意识，建立具有多元性、互动性和立体性的对外汉语传播体系。以“汉字”为基础开展“字说中国 节传文脉”优秀传统文化传播活动，通过把中国故事用多种语言讲解，促进中华文化的广泛传播。比如“字说黄陵”活动，主办方是中国青年报社等多个机构，通过采用大数据分析、云计算等前沿科技和以微信、微博为代表的各种新媒体以及自媒体等传播方式，把“字说黄陵”中“文”的独特内涵深刻剖析，使处于转型跨越发展中的黄陵文化内涵和城市形象更加立体。

活动期间还邀请“一带一路”沿线国家部分德才兼备的留学生、大中院校学生、中小学生参加，另外还特邀相关文史专家和研究传统文化的著名学者，这个举措体现了继承发扬中华传统文化要从小抓起，青少年对于传承和弘扬优秀传统文化起着重要支撑作用。“一带一路”沿线国家的留学生通过形式多样的传播方式，体会到中国汉字文化的奇妙魅力，为建设和谐丝路做出贡献。

作为“字说中国 节传文脉”大型传统文化传播的系列活动之一，“2017‘一带一路’年度汉字发布仪式”旨在贯彻落实中共中央办公厅、国务院办公厅《关于实施中华优秀传统文化传承发展工程的意见》的要求和精神。该活动自2016年开展以来，引起了社会各界的巨大反响，并于每年的谷雨节在字圣仓颉的故乡——陕西白水发布“一带一路”年度汉字，旨在从中华优秀传统文化中汲取丰富营养，增强国家文化软实力，齐心合力实现伟大的中国梦。本次活动首创由数百位青少年代表和著名书法家现场共同书写年度汉字，以传承仓颉文化、弘扬仓颉精神。现场由来自美国、法国、韩国、土耳其、巴基斯坦、卢旺达、哈萨克斯坦等“一带一路”沿途优秀的留学生代表，还有来自白水当地的优秀中小学生代表，构成“2017”方阵共同书写年度汉字，寓意文化传承需从青少年抓起，青少年是“一带一路”建设和文化传承的骨干力量。此外，舞台上表演现代舞《墨风唐韵》，将书法与舞蹈相结合，现代与古典相融，用现代舞蹈形式演绎传统文化的古韵精髓，通过全民书写和专家演绎，追溯仓颉功德、传承丝路精神、弘扬传统文化。[①]

“字说中国 节传文脉”优秀传统文化传播活动内容不仅包括汉字、书画，还有舞蹈、印玺和雕塑制作等形式多样的文化形式，宣传平台不但有传统权威媒体，诸如中央电视台、北京电视台、中青在线等，还有H5、微信、全程直播等新媒体方式，营造浓厚的舆论氛围，获得广大好评，为促进构建全方位、立体化、多元性对外汉语传播体系提供了更多方法。

三、打造“中华汉字”品牌

打造“中华汉字”品牌，联合多个机构、系统等社会组织，搭建合作共赢、互利互惠的对外文化传播平台。目前，由于“一带一路”倡议的推进，对外汉语获得广泛性传播。“汉语热”成为一个时代潮流，我国对外汉语传播应该调动多方力量，比如政府部门、高中院校、社会组织、企业团体等社会力量，通过合作交流，共同推动中华汉语优秀文化在世界获得可持续性发展。

为了更好地推进习近平总书记提出的“一带一路”倡议，打造以“弘扬汉字文化”为主题的文化传播亮点活动，“字说中国节传文脉”优秀传统文化传播活动创建了“中华汉字”品牌。这个品牌活动主要围绕“一带一路”倡议规划重点，用兼容并蓄、海纳百川的自信，博采众长、合作共赢，国内外资源共享，比如战略政策资源、人文背景资源、政府公共资源、科学技术资源以及文化教育资源等，创新形式提供高视角、全方位的文化传播载体，联合权威机构和著名专家学者，融合传统宣传方式，比如广播、电视、报纸，借助互联网优势加入新媒体宣传，比如网站、微信、微博等，能够提高活动的知晓度和传播力，共同为传承中华优秀传统文化，推进丝路建设贡献力量。

为了更好地传承中华优秀传统文化，弘扬仓颉文化和仓颉精神，

---

① 王丽．“一带一路”背景下对外汉语传播模式探析［J］．文化学刊，2017（10）：156—159．

更好地打造“中华汉字”文化品牌，在2017“一带一路”年度汉字发布仪式期间，陕西白水于2017年4月20日下午召开了“2017中华汉字学术研讨会”，邀请“一带一路”和“汉字文化”研究领域的知名专家学者，以“丝路文明——汉字与文化旅游开发”为主题，围绕“汉字与白水形象”“丝路文明与区域发展”“仓颉文化与旅游开发”、打造“中国字都”与形象传播四个专题，解读“一带一路”与“中华汉字”的意义，围绕区域本土文旅资源开发开展相关的项目合作，通过与公众实时互动，加大对地方文化资源的宣传，以最终实现对中华优秀传统文化的传承与弘扬。

作为“中华汉字”文化传播品牌的核心内容，“2017‘一带一路’年度汉字发布”活动以“中华汉字融和丝路”为宗旨，创新运用微信、微博、H5等新媒体、自媒体传播方式，经过一个多月的全媒体初推、官网推介、微信、H5互动等系统有序的推介，最终确定2017“一带一路”年度汉字为“融”字。与往届“一带一路”年度汉字评选及其他年度汉字评选活动相比，本次活动紧紧围绕2017年“一带一路”倡议新格局，在北京成立了“一带一路”年度汉字活动组委会，携手“一带一路”和“汉字文化”研究领域的著名专家、学者成立了专家委员会，并联合中国青年报社，聚焦“一带一路”倡议宣传的骨干力量——“一带一路”沿线国家的青年学生，发动广播、电视、报纸、微信微博H5、自媒体等全媒体合作，充分体现了传统媒体与新媒体的创新融合，扩大了活动影响力和传播力，推进了“一带一路”沿线国家地区“共商、共建、共享”和“共融、共通、共赢”。

综上所述，随着“一带一路”建设不断推进，“汉语传播”在提升中国文化软实力，增强中国综合国力和竞争力，提高我国国际地位作用与日俱增。“一带一路”倡议发展中，对外汉语的传播，目前需要加快建立具有创新性、前瞻性、共赢性和高科技的对外文化传播平台，构建全面、立体、多元的对外汉语传播体系，在政府部门、企事业单位、知名院校、专家学者和各类社会团体组织的全力配合下，共同促进“一带一路”建设对外汉语传播全球化。

第三节 对外汉语中的中华传统文化传播模式分析

模式指的是为了解决某一类问题时所采用的方法论。这些用于解决某一类问题时所使用的做法以及方法经过归纳和总结，成为一种理论，并且具备一定高度，这种经过总结和归纳的方法就是模式。模式能够起到一种指导作用，若一项工作能够在好的模式指导下进行，则有利于高效和顺利地完成，获得良好效果，而且一旦遇到较为复杂的问题时，也更容易找到简捷和高效的解决办法。

“模式”在社会类学科中有两个明显优点：一是模式能够发挥构造功能，各个不同系统之间的相互关系以及重要次序，能够通过模式清晰地显现出来，相对于其他方法，人们利用模式了解一个事物会变得相对简便；二是模式具备译码的相关功能，一些较为复杂的问题或是使用直接方式无法解决的问题，可以通过模式间接地解决。在时间和空间的层面上，模式能够对所研究的事物做出描述，它是对社会进行认识和分析的一种重要工具。

“模式”能够对内在组成部分之间的关系进行清晰展示，而且还能将人类社会的具体活动，直接而清晰地展示出来。模式实际上是人类的一种精神产物，所以现实社会中无迹可寻。因此，在开展传播学的研究过程中，要想探寻传播的具体过程，要想准确分析各种传播现象，需要借助传播模式对传播的环节和过程进行简化，然后才能对传播的环节以及过程进行详细研究和分析。

一、传播模式的概念

若从传播学层面分析，传播模式可以被看作是一种公式，主要研究对象是传播的性质、传播的过程以及传播的效果。自 20 世纪 20 年代开始，西方已经开始利用多种模式反映传播学中的不同观点，展示传播学研究中的不同方法，但其中尚无被普通认可的统一模式。在早期研究中，大多采用的是单向的线性模式。

自 20 世纪 50 年代起，双向循环模式开始在研究中被使用。这一时期最有代表性的传播模式是“5W”模式，也就是谁在传播、传播的内容是什么、传播的渠道是什么、传播的对象是谁、传播产生了什么样的效果。美国政治学家提出了“5W”模式，后来逐渐被推广开来。在西方传播学界看来，“5W”模式具有很强的概括性，在研究大众传播学中所发挥的推动作用不可忽视。

实际上，所有传播方式都可以被概括为两类：一类为传播的过程以及模型的结构特征；另一类为传播要素的关系模式特性。第一类能够从整体上把握传播本质。在对传播学进行解构的过程中，可以通过两种视角进行：一是过程观；二是结构观，在此基础上建立起传播学的基本模式。

二、“5W”传播模式与中华传统文化的教学传播

在传播学领域中，“5W”具有不可撼动的地位。原因在于“5W”模式将传播过程明确地划分成五种要素，而且对相应的五个研究领域做出限定，对传播的具体特点进行了有效描述，对传播学的研究进行了科学规划。在人们对传播学的研究过程中，“5W”这种简便的综合性方法仍在被人们所使用。因此，在对外汉语推广的过程中，研究人员仍然会使用“5W”的方法研究传播模式。

接下来将分析的是对外汉语中，中国传统文化的传播方式。以下是“5W”传播模式的详细示意图（图6-1）。

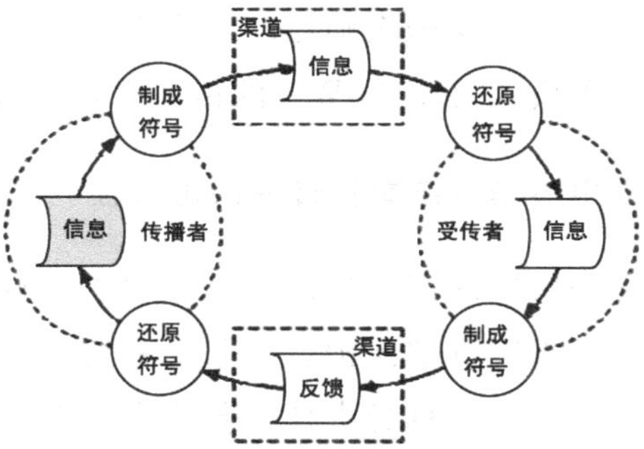

图6-1　哈罗德·拉斯韦尔的“5W”传播模式示意图

通过图 6-1 观察和分析可以看出，传播的整个过程中包括五种因素：一是传播者对应控制分析；二是信息对应内容分析；三是媒介对应媒介分析；四是接受者对应受众分析；五是传播效果对应效果分析。在对外汉语中，中华传统文化的教学传播，对外汉语教师承担着传播中国传统文化的任务；在教学中的任务主要包括：对教学过程进行分析与控制，对中华传统文化进行传播。教学中的“信息”是中华传统文化的内容，比如中国戏曲、中国武术、中华茶文化、中华酒文化等。传播过程中的媒介则是教学过程中所采用的手段、方法以及工具等，在对外汉语教学中，这些媒介起着非常重要的作用，Word 文档、PPT 都可以成为媒介。

在教学和传播过程中，留学生是中华文化的“接受者”，只有正确分析留学生的汉文化学习效果，才能更有好地开展中华传统文化的教学与传播。例如，要分析留学生喜好什么类型的中华传统文化，哪些内容留学生学习起来相对困难等，可以通过“传播效果”检测和称量在中华传统文化在留学生中的传播效果，对效果进行详细分析，分析结果可以作为改进教学方法的依据，可以更加有针对性地将留学生感兴趣的，愿意接受的中华文化列入教学和传播内容中。

但是，“5W”传播模式也有其不足之处，它无法体现出传播的双向性以及互动性。在实际教学过程中，不仅需要体现出传播形式的双向性，而且还要考虑传播过程中的互动性。也就是说，在开展课堂教学过程中，留学生与对外汉语教师之间产生频繁互动，而且这种互动是双向的，所以这种模式要比“5W”的传播模式复杂。

三、对外汉语中中华传统文化传播的可行性

中华传统文化是民族的宝贵遗产，也体现出华夏民族的强大文化基因，我们应当对其进行特别保护。在弘扬和传播中华传统文化的大业中，大众媒体应当承担起自身责任，营造出一个健康向上的文化环境，为公众表达自己的意见提供必要的空间，为中华传统文化的顺利传播创造顺畅的渠道。

在传播中华传统文化的过程中，需要采用恰当的方式，选择有效的宣传手段，对本地各种文化资源以及分布于群众中的人文资源进行充分挖掘。同时，可以在广告策划和创意中增添中华文化的元素，并且通过互联网等新型媒介传播中华传统文化。下面按照“5W”的传播模式，简要分析传播过程中所涉及的五个主要环节。

（一）传播者：多元化传播

当代，“多元化”这个词才开始被广泛运用。特别是在阐述思想理论的时候，这个概念被提及得最为频繁。在一些与工作有关的场所，利用多元化所呈现出来的特点及优势，比如种族、性别等一些更易被识别的联想。在这里所提及的多元化传播，指向传播者提出采用多元化的文化传播方式的建议。

就对外汉语中，中华传统文化的传播来讲，建议出版类媒体借助自己在传播领域的优势，选择更加有效的传播方式，借助更加有利的传播途径，筛选更加有益的传播内容。在向特定留学生传播中华传统文化的基础上，不断扩大留学生的受众范围，让文化宣传取得更好效果。为了达成这一目标，需要对外汉语的教材编写者以及出版者发挥各自优势，集思广益，探索更有效的传播方法。现阶段，我们还很少有单纯以留学生作为受众群体的出版类媒体，所使用的教育及资料大多都是高校所属的出版社出版的刊物或教材。目前在这方面做得较好的网络媒体，主要有网络孔子学院以及国家汉办等。

我们已经进入现代化的传媒时代，所以传播中华传统文化不应仅局限于传统的课堂教学，而应积极探索多元化的传播方式。传统的传播方式主要包括图书、报纸、杂志、广播、电视等。互联网的普及颠覆了文化传播方式。文化传播的方式开始变得多元化，渠道也被大大拓宽。

例如，大部分高校都有自己的报纸，在这些报纸上可以设置传播中华传统文化的专栏，将一些中华传统文化逐期介绍给读者，让中华传统文化在潜移默化中得到传播，还可以在高校网站上，专门针对留学生设立“汉语学习天地”等板块，对这些内容进行定期更新，还可以设立专门的留言区，用于了解汉语学习者的心声及意见，据此对网站设置中的不足之处加以改进。

现阶段，日益普及的APP产品也是留学生经常使用的新兴媒体，所以也应当开发一批与汉语及中华文化传播相关的APP，帮助外国留学生更加方便地学习中华传统文化。另外，现代社会中，微博的受众也越来越广泛，因其具有非常强的互动性，所以新浪、腾讯等微博平台上有大量的活跃用户，其中也有不少外国留学生参与，因此我们也可以充分利用这些新型的大众媒体平台，传播中华民族的传统文化，增强对外汉语的教学效果。

（二）信息：多层次选择

所有的信息都具备自身的层次性，而且信息是无处不在的。人类社会以及自然界的各种事物所发生的变化以及它们存在的实际状态，具有自身的客观反应以及本质属性，这些就是信息。如果从空间角度看，自然界、人类社会以及人的思维当中都存在着信息；如果从时间角度看，信息能够超越的思维，超越人类社会，是永恒存在的。

中华传统文化有着自身鲜明的层次性，正因如此，在对外汉语教学中，可以将留学生熟悉的经典作品作为主要的传播“信息”。地域性文化以及大众化的文化是中华民族宝贵的财富。我们已经进入品牌经济的时代，社会生活的很多领域中都能体现出品牌效应，但品牌效应在文化领域及其产品中有着更加突出的反映，因此在中华传统文化的传播过程中，我们应当重视品牌效应，开辟精品化的路线。

对于对外汉语学习资料以及教材出版界来说，应当将中华传统文化与留学生所在国的文化融合到对外汉语的教学当中，这样才能调动起留学生学习中华传统文化的积极性，促成留学生所在国文化与中华传统文化的有效碰撞。比如中国的茶文化包含四个层次：一是物态文化；二是制度文化；三是行为文化；四是心态文化。在茶文化的传播过程中，每个层次都会做出自己的选择。就物态文化来说，已经形成较为系统，也较为完整的科学——茶学，实际上就是关于茶叶的科学；就制度文化来说，它被纳入经济史学的研究范畴，主要涉及中国茶叶生产史以及茶文化经济发展史等方面内容；就行为文化来说，这主要表现在茶文化上，主要涉及茶艺操作等与茶文化相关的内容，在对外汉语教学中，这也是茶文化的一项主要内容；就心态文化来说，研究的主要是茶文化的理论，主要包括在中国历史上传承了数千年的茶礼、茶道等习俗与文化精神。其中，行为文化以及心态文化是对外汉语教学的重点内容。

人们对“信息”的多层次选择，还体现在实践之中。比如韩国的湖南大学孔子学院在向学生传播中华传统文化过程中，安排了大量现场实践的课程，帮助韩国民众通过直观的方式了解和认识中华的传统文化。该校会定期举办中国传统饮食文化节和茶文化交流活动。在茶文化交流活动上，主办方会邀请韩国民众品尝毛尖、铁观音、苦丁等中国传统名茶，使很多韩国民众对中国茶文化以及传统文化了解更深。

在所举办的饮食文化节上，主办方会邀请中国厨师烹饪中华传统美食，邀请韩国民众品尝，通过与韩国美食进行对比并加深对中国饮食文化的认识，通常饮食文化节的活动时间为期一周。通过举办此类活动，不仅可以吸引韩国民众将中国的传统饮食文化与本国的饮食文化进行对比，了解中国传统的茶文化以及博大精深的饮食文化，不仅加深两国民众间的交流，而且有效地传播了中华民族的传统文化。

（三）媒介：多渠道传播

在前面我们已经提及了中华文化的各种传播渠道和方式，比如电视、广播、报纸、杂志等，这些都属于传统媒介，而互联网等新型传播技术的出现，使得中华文化的传播媒介变得更加多元化，渠道进一步被拓宽。我们应当充分发挥大众传媒、经济交流、教育交流、人际传播等多种渠道的作用，不断拓展对外汉语的传播空间，不断拓展中华传统文化的传播渠道，让中华传统文化走向国际。

在所有的传播媒体和渠道中，最具时效性和影响力的当属网络传播。目前，网络媒介已经成为信息传播的主阵地之一。我国目前涌现出了越来越多的各类网站，数量正在不断增多，但是这些大部分属于商业性网站，其设立的目的是为了吸引更多的流量，从而赚取更大的利益。因此，作为中华传统文化宣传的作用并不理想。

各级政府以及有关部门，实际上可以在互联网上开设公益性网站，以此作为平台，用于开展对外汉语教育，传播中华传统文化。网站的创办方首先要充分挖掘中华民族的传统特色文化，将杂志、报纸、广播、电视等传统媒介的文化资源进行整合，建成一个能够对各种文化资源进行处理的大型平台。通过平台为受众提供音频、视频、文字、图片等多种形式的文化资源和信息产品，满足不同国家留学生学习和了解中国文化的需求。

与此同时，网络资源及其所属者也应当注重品牌效应的树立，在尽可能广的范围内对留学生群体开展调查，了解他们的需求、他们的喜好，在此基础上制定中华传统文化的宣传策略。平台上提供的内容以及形式，要对留学生网民有足够的吸引力，要将网络平台当作一个品牌做大做强，平台的资源不仅应当具有一定的广度，而且还应结合留学生的实际，具备一定深度。

对于传统媒介，中华传统文化的宣传与推广已经处于一种接近饱和的状态，但是以互联网为基础的新型传播平台，却成为一个潜力巨大的文化传播市场。当今的网络，微博是一个在网民中非常流行的交流平台，不少对外汉语的研究者以及教学者都开始尝试利用微博这一新型媒介开展教学和宣传。近年来，微信这种大众交流工具正在以前所未有的发展速度，在网民中得到普及，但是面对这一潜力巨大的平台，目前还少有对外汉语教学以及文化传播界的人士尝试应用，但这种趋势已经出现，相信今后微信也将成为汉语及中华文化对外传播的一个重要平台。

（四）接受者：多样化需求

随着中国对外开放程度的不断扩大，从世界各国来到中国留学的人数也在迅速增加。各国来华的留学生不仅在中国学习所选的专业知识，而且在生活中也会与中国社会、民众有很多接触，也会受到中华传统文化的熏陶。这些留学生的国籍、民族、生活背景各不相同，所以他们在接受中华传统文化时的需求和方式也不尽相同。

中国博大精深的传统文化，吸引了不少各国留学生前来，他们初到中国，需要行学习汉语，涉及汉字、词句以及语法的学习，还不可能过多地涉及中华传统文化。当他们在华时间不断增长，汉语的学习也初见成效，开始进入更高一级的语言学习阶段后，就开始涉猎与中华传统文化有关的知识内容。来自不同国度，汉语程度不一的留学生在学习中华传统文化时的需求和起点不尽相同。例如，很多来自日本、韩国、东南亚地区的留学生会对中国茶文化表现出浓厚的兴趣，来自欧美的留学生会对中国的传统饮食表现出浓厚的兴趣，而来自俄罗斯的留学生会对中国的酒文化表现出浓厚兴趣。面对留学生这种多样化的学习需求，对外汉语的教学需要针对不同国家的留学生，制定更有针对性的传播和教学计划。

留学生多种多样的学习需要，对国内的一些文化传播者、信息平台的创办者、教育工作者提出了新的更高要求。第一，文化传播和教育工作者首先自身要有深厚的中华文化底蕴，应当成为不同文化间的桥梁和纽带，对于教学和传播过程中所涉及的不同文化要非常熟悉，也就是留学生的本族文化以及中华的传统文化，建立起跨文化传播和交流的意识。第二，在选择用于传播的信息内容时，要筛选出具有一定文化内涵，较为典型的材料，向留学生进行分析和讲解。第三，要充分利用多媒体等现代化的教学手段，开展文化传播和教学，让留学生更加直观、更加便捷地了解中国的文化背景，学习和掌握中国的传统文化。

（五）传播效果：注重反馈，提高效果

留学生的实时反馈可以用于了解对外汉语教学的成效，掌握中华传统文化的传播成效。传播过程中的前四个环节与反馈效果有着很大关系，只有做好前四个环节的工作，认真收集留学生在学习中华传统文化时的各种反馈信息，才能为中华传统文化信息的选择以及传播媒介的选择发挥指导和借鉴作用。

在面向留学生所开展的对外汉语教学以及中华文化传播的过程，需要不断改进传播的手段和方法，更新传播和教学内容，以应对留学生不断变化的需求和心理状态。随着科学不断进步，媒介技术不断发展，可以用于传播中华传统文化的视觉媒体越来越多。未来，我们可以利用更多的视觉媒体展示和传播中华传统文化，将博大精深的中国传统文化介绍给全世界对其感兴趣的人士。目前，方兴未艾的视频教学，是一种很好的传播和展示中华传统文化的方式。

在进行文化传播的过程中，要充分考虑“噪声”对传播效果的影响，及时掌握反馈效果究竟如何，然后据此对传播的方法和内容作出相应调整，让更多的宣传精品走出国门。

通过以上分析可以看出，传播方式都有各自优势，也具有可操作性。在文化传播过程中，只要正确把握上述五个环节中的各个要素，就能在文化传播和对外教学中取得应有成效。在对外汉语教学以及文化传播过程中，受到各种不确定因素的影响，但是只要切实把握好传播模式中的各种环节，就能在中华传统文化的传播过程中取得预期成效。

第四节 面对留学生的中华传统文化课程教学分析

任何教学课程都离不开教学模式的帮助，健全的教学模式中不仅包含教学的课程安排、教学教材等，还包含教师教学计划以及教学规范安排等。良好的教学模式能够从教学整体方面提供指导和规范样本，同时利用理论的方式将教学策略以及教学方法融入教学实际中。

教学模式的选择和制定在汉语学习中有着不同说明，李雁冰教授认为教学模式的核心观念是将教学中的理论观点作为依托，通过该理论观点制定教学目标以及教学方法，并且制定相对应的教学程序完成教学。随着教育事业的不断发展，教学模式的定义又有了一些新定义。

跨文化交流和学习是留学生在学习汉语时，面临的主要问题，中国有着五千年的文化传承历史，中华文化也是博大精深，来华留学生对于中华文化的适应和接受必然是一个漫长而困难的过程。这要求在教授来华留学生学习汉语不仅要从汉语基础知识入手进行教学，而且还要从生活方面关心留学生的心理变化。

一、留学生与跨文化

随着中国经济的不断发展，越来越多的留学生选择来到中国学习汉语言以及中华文化。近年来，多个国家和地区的留学生来到我国进行工作和学习，他们本身即代表着各个国家的文化以及民族特点，来到中国后必然会面临心理状态的调整以及生活习惯的改变，只有在短时间内快速适应中国文化以及基础生活习惯，才能更快地融入中国社会，以便更好地进行交流和学习。

一般，留学生来到中国主要有两个比较大的途径，首先是进入我国高校，他们在我国高校中学习和成长，其本身即受到中国高校的影响；其次是留学生自发组织的一些团体和组织。

留学生在中国学习和生活中存在着跨文化交际。正是因为如此留学生在学习和工作之余，要努力增强自己的跨文化交流意识，并且通过学习和实践，提高自己的跨文化交流能力。教师在进行留学生汉语教学时，要根据留学生的不同情况，着重进行跨文化交流能力培养，并且鼓励留学生在不同场合积极参加讨论和沟通，建立相对应的教学模式，帮助留学生进行文化适应练习，帮助留学生传播和分析中国传统文化的内涵，帮助留学生建立正确的文化意识，并且要因材施教，对待不同国家和民族的留学生，应当采取不同的引导方法，帮助他们更好更快地进行文化适应学习。

二、跨文化意识（以中英茶文化为例）

不论是在中国还是在国外，教育学者都十分关注文化教学模式。对待跨文化教学模式的理论，有学者提出了四种层次模式，分别是了解文化模式、识别文化模式、分析文化模式以及体验文化模式。这四种模式是对文化适应四种阶段的概括和总结。近年来，越来越多的学者对跨文化学习进行分析和研究，他们的研究成果为跨文化交流的教学模式开展奠定了基础。在我国教育体系中，跨文化教学模式还是以李映的教学模式和教学思路最具有代表性。他提出的教学模式层次分明，并且教学内容安排合理，对于我国跨文化教学有着深远影响。

中国是文明世界的茶文化国家，与我国具有相同茶文化历史的国家还有英国等，我国茶文化具有典型的东方韵味，而英国的饮茶文化则代表着西方国家的风格，不同的茶文化是各个国家文化的组成部分。下面，我们通过中国和英国的茶文化，对李映的跨文化意识做一个阐述和说明。

(1) 熟悉、了解外国文化知识。教师在对留学生进行汉语教学时，首先要熟悉和了解留学生所在国家的历史和文化，只有这样才能尽量减少在教学过程中因为文化分歧而引发的矛盾和冲突。同时，留学生也要了解目的语国家的基础文化和生活习惯。以茶文化为例，英国有着悠久的饮茶历史，英国主要的茶生产品牌是立顿，立顿通过多年的发展和整合，已经成为世界第一大茶叶品牌。

(2) 理解外国文化的价值观。文化价值观是体现不同国家文化的依据，不同国家有着不同的文化价值观，同时价值观的养成和改变与教育有着直接联系。教师在进行汉语教学时，要多了解外国文化的价值观。英国的茶文化历史悠久，茶在英国有着比较高的地位，往往饮茶代表着一个人的品位和性格，与此同时，我国五千年的中华传统文化中也有着茶文化的影子，茶文化已经发展成为我国的国粹文化之一。

(3) 评价中外文化的差异。通过对外国文化价值观的分析和研究，我们能够发现其与中国文化的差异和不同，这些文化差异是我们在进行日常教学过程中需要注意的方面。中国的茶文化和英国的茶文化可以从发展年代、茶礼仪、茶道文化以及品茶文化等方面寻找差异和不同，不仅如此，两个国家的茶叶种类、种植模式以及烘焙方法等，也是存在差异的几个方面。

(4) 在学习语言和跨文化交际中出现的文化情况要进行灵活运用。日常教学中，要不断鼓励和支持留学生进行跨文化交流实践，通过不断实践和学习，慢慢了解文化差异，同时更好地做到文化适应。我国南方的茶文化发展较早，同时也较为成熟，以上海和杭州为例，这两个城市都有着悠久的茶历史，并且一些大型的茶文化节或者博览会会选择在这两个城市举办，比如上海国际茶文化节一经问世，便经久不衰。

除此之外，我国河南信阳、福建、湖北等地每年都有各式各样的茶文化活动进行举办。在华的留学生可以借助茶文化节增加自己的跨文化交流机会，提高自己的文化适应能力。

三、茶文化课程教学分析

文化知识教学是文化教学的主要手段和方法。文化知识主要包括文化背景知识、思想信仰文化知识以及专门文化知识。首先，文化背景知识方面包含比较广，如中国历史、地理、中国文学、艺术以及哲学等方面，还包括中国各个地区和民族的生活习惯以及民风民俗等；其次，思想信仰文化知识方面主要指我国传统儒家文化，儒家文化是中华文化精髓，它代表着我国悠久的文明历史；在思想文化方面，主要开展对中国经济、政治、人口、教育等方面的研究和分析；最后是专门文化知识，主要包含我国一些较为系统的文化价值观，茶文化即属于专门文化知识领域。

每一个留学生来到一个新的国家，都会面临文化差异的不适应，有些留学生甚至会产生文化休克的情况，而伴随着目的语的学习和实践，这些文化不适应的情况会慢慢减弱，并且通过对目的语国家的文化学习和实践，会慢慢增加对目的语国家文化的好奇和兴趣，一些留学生还会经过文化适应，慢慢总结出自己独特的文化领悟。通过对汉语言的学习，留学生会逐渐感悟到不同国家文化的差异，并且通过对表象和内里的分析，逐渐生成自己的理解，从而将这些领悟带到学习和工作中。

中国传统茶文化可以细分为茶文化理论教学和茶文化实践教学两方面，并且通过对这两方面的研究和总结作出层次性划分。我国汉语国际推广领导小组办公室根据茶文化的学习难度，编写了《国际汉语教学通用课程大纲》，在大纲中详细划分了五级文化学习层面，详见表6-2。

表6-2 茶文化学习的难易程度划分

初级茶文化	中级茶文化	高级茶文化
茶的相关定义	茶文化的内涵	茶道
茶的种类	茶的起源、历史	茶艺（泡制、待客等）
茶艺（采摘、烘干）	中外茶文化对比	茶具（烧制、与茶的搭配）
茶具知识（分类）	《茶经》（学习、阅读）	茶学体系
品茶（方法、礼仪等）		《茶经》（研究）
		茶与艺术
		茶与养生

（一）茶文化理论课程教学

茶文化在理论教学方面，可以细分为广义和狭义。从广义上来讲，我国的茶文化中体现着人类社会对于茶叶生产、制造、销售等方面，它是物质和精神层面的集合体。从狭义上来讲，茶文化体现着人类社会生活，这里主要指茶文化的内在精神对于社会发展的引导意义。茶文化中，茶叶的生产和制造本身即一种科学体系，所以茶文化在人文科学方面的研究比较多。

虽然，人际交往能力对于现实生活尤为重要，但是理论课程同样很关键。茶文化的研究不能仅局限于茶叶生长、制造、功能等自然科学的研究，同时也不是单纯研究茶叶的生产和发展历史，我们所要关注的重点是茶叶作为一种社会产物，其在发展过程中所带来的社会影响以及茶在社会生活中所形成的独特文化内涵。

通常将茶文化中的教育功能作为茶文化的研究重点，同时通过对茶文化的理论研究，规范和影响人们的行为道德。在茶文化中，茶有着很高的影响力，茶被人们称之为灵魂之饮，在茶文化中包含着尊重以及友谊，我们也常常用贡茶象征和谐和伦理。同时，茶也被人们称之为君子之饮，通过一个人的饮茶习惯以及饮茶风格，便能了解一个人的品格。通常，人们认为喜欢品茶的人都有着崇高的道德修养。这些基础的茶文化内容都是初级学习者需要了解的内容。

茶文化在长期历史发展中，已经形成了一整套独立的文化体系，茶文化体系的建立，往往代表着一个国家或民族的社会结构和文化特点，在茶文化中系统包含了儒家思想、道家思想以及佛教禅宗等。

综上所述，茶文化分为理论部分以及实践部分，对于留学生而言，他们在进行一段时间的汉语言学习之后，对汉语和汉文化已经有了一定了解，这时可以适当增加一些茶道以及茶文化理论课程的教学，这也是中高级茶文化学习者的主要学习部分。茶艺理论教学主要针对泡茶的一些内容展开，这部分内容包含泡茶、环境以及品茶等，茶艺欣赏可以提高学习者对茶文化学习的兴趣，通过对茶艺的欣赏能够帮助他们从中获得品茶带来的乐趣。

茶道更多的是追求一种精神层次的享受和憧憬，茶道来源茶艺，但是茶道中却蕴含着茶文化的精髓。茶艺和茶道二者有着一定区别，茶艺是视觉上的享受，而茶道讲究的是精神的合一和共鸣。

中华文化博大精神，其中茶文化作为中华文化的一部分，经过多年的发展，已经成为主流文化的一种，对于茶文化的学习，能够很好地感知中华文化的精髓和内质。不仅如此，随着中国在世界地位的逐步提高，中国茶文化对世界茶文化的影响力也在不断增加。对此，我们应当积极参加世界其他地区举办的茶文化交流活动，并借此将我们国家的优质茶产品推向世界其他国家和地区，同时还将我们的茶文化传播到世界各地。

（二）茶文化实践课程教学

茶文化教学包含理论教学和实践教学，其中茶文化的实践教学，也被称之为应用性教学。来华留学生在进行茶文化理论教学之后，需要开展对茶文化的实践教学，从茶艺中的各个环节进行参与和学习，以理论知识为指导进行茶艺实践，是对茶文化学习的一种主要方法。教师在进行汉语教学时，需要增加对茶文化的实践教学，通过实践教学帮助留学生更加清楚地了解中华茶文化，并且帮助他们掌握中华茶文化的实践方法。

中华传统文化实践教学可以细分为两种模式，即教育实践模式和文化实践模式两种。其中，教育实践模式主要强调对外语的教学与研究，而文化实践教学则主要强调传统手工的教学，比如中国武术、中国书法、中国茶道、中国民族歌舞等。

对于茶文化的教学和推广可以从多个方面入手，比如组织留学生进行茶艺欣赏、组织留学生进行茶叶采摘与烘焙，或者鼓励留学生进行茶艺比拼等，这些活动不仅能够让留学生感知到茶文化的独特魅力，而且还能增加留学生对于茶文化学习的积极性。另外，教师可以选择在留学生时间充裕的情况下，组织他们到茶艺市场或者茶叶展览中心进行实地参观，多为留学生创造接触茶文化的机会，帮助他们更快了解和喜爱中国茶文化。

现在有些学校已经将茶文化学习以及茶艺欣赏等课程安排到了教学内容，通过专项培训增加茶文化从业人员。其中，比较知名的有西南大学的茶文化专业，也是中国第一个全日制高校茶文化专业，该课程从 2000 年开课至今，培养了大批茶文化专业人才，与此同时，南昌女子职业学院也开展了茶文化的相关课程，这表明留学生在我国高校中学习茶文化的机会越来越多，未来更是能够大力推广我国的茶文化。

随着《共建留学生茶文化实践基地协议书》在 2011 年 6 月的签署，中国茶叶博物馆首个留学生茶文化实践基地被证实批准建设和使用，这是中国茶叶博物馆和浙江理工大学为茶文化传播和教学所做出的积极贡献。随着世界经济的不断发展，世界不同国家和地区的文化之间融合和互相学习更为昌盛，我们相信在不久将来，会有越来越多的国际友人参与中华茶文化的学习和研究，并且共同为中华茶文化的传播和推广做出努力。

茶艺是茶文化的一部分，茶艺表演在近些年更是变得十分流行和被人喜爱。茶艺师现在已经是我国社会的正式职业，茶艺师行业经过多年发展，已经细分到从初级、中级、高级、技师到高级技师五个等级。截至目前，越来越多的茶艺师培训单位开始建设和投入使用，培训单位的建设使用，旨在培养茶艺师行业的专业人才。不仅如此，与茶艺培训机构共同建立的还有茶艺技能鉴定机构，如江西社会科学职业学院茶艺技能鉴定站，是对国家高中级茶艺审评的指定单位和机构。与此同时，茶艺培训机构培养出来的茶艺高精尖人才，已经活跃在高校茶文化教室里，他们为留学生茶文化学习者带来了宝贵的教学课程。

中华传统文化中的茶文化不仅局限于茶艺和茶道，在中国医疗、文化艺术、经济、历史、餐饮以及新闻出版等行业，也都有中华茶文化的身影。可以说，中国茶文化博大精深，如果想要将茶文化更好地进行推广和传播，我们还需继续努力。

第五节　以茶文化为例的留学生课程教学设计分析

对外汉语教学中，要提高留学生文化意识的培养，也是文化教学的首要任务，这样不但能够让留学生真正掌握语言的运用，还能让他们体会语言中所蕴含的文化内涵。以本节角度来说，是对中国茶文化中包含的精神风貌和文化底蕴进行深入认识。对外汉语课程的设置还是以交流能力的提高为基本目的，兼顾传播中国传统文化。关于中国茶文化的教学过程，主要阐述了两方面内容，即茶文化的教材和留学生本身。

一、教材方面

在文化传播教学过程中，离不开教材这个载体的作用，它是文化教学的基础和前提。对外汉语的教材中涉及各个方面的中华传统文化，主要由以下三种形式体现：其一是采用直接体现的方法，即对中华传统文化进行直接阐述；其二是采用间接体现的方法，即将中华传统文化融入语言教学中，间接介绍中国传统文化；其三是采用潜在体现的方法，即教材中没有明确提及，而是需要学生在学习过程中，深入思考后才能体会到中国传统文化。

对外汉语教学中，最重要的一个载体是对外汉语教材，它是传播汉语知识的一个重要媒介。对外汉语教学依据教材展开，老师依据教材讲解有关的汉语知识。因此，教材的编制在很大程度上，影响着对外汉语教学课程的教学效率。

现在来看，对外汉语教学中常常使用的教材并未有很多涉及中国茶文化的有关内容。从现有教材情况看，有提到中国茶文化的教材只有五本，第一本是《中国文化》，由北京语言大学出版社出版，该书的第十九章是《茶与饮茶》，介绍中国茶叶的发展情况、中国茶叶品种以及饮茶的习俗和方法，并在课后阅读中选用中国功夫茶和龙井茶的传说，用以丰富学生对茶文化的认识，该教材适用于初学者使用。第二本是《新概念汉语高级课本》，与第一本是同一个出版社出版，该教材的第四课是《品茶》，内容有涉及中国的茶文化，不过该章节在整个教材中只是一个阅读材料，重要性也不是很大。第三本是《发展汉语》，也是由北京语言大学出版社来出版，该教材以阅读材料为主，以介绍相关知识的方法进行中国茶文化的讲解。第四本是《新编汉语速成教材》高级上册，由复旦大学出版社出版，该教材的第七课中录入了一篇《还是茶水味最浓》文章，有一些中国茶文化介绍，并要求学生从听、说、读、写四个角度进行掌握。第五本是《你说我说大家说》，同样是由北京语言大学出版社出版，该教材的第四册是《话题口语》，该书第七课中的《饮食》一篇中提及中国茶文化的相关介绍，并且是以对话的形式出现。①

（一）注重基础，挖掘深度

仅仅依靠一份 HSK 证书是不能完整、系统以及真实地体现留学生的汉语水平，因为很多学习汉语的留学生可以较好地应付考试，现实的交流和沟通能力却往往有限。针对这种情况，在教材编写时需要注重对语言本体之外的知识，如人际交往的实际运用等进行涉及。比如在介绍茶文化时，不能简单地对什么是茶文化进行阐述，因为这只是初步接触茶文化应该关心的内容。而是需要将茶文化所蕴含的深层内涵和茶艺实践知识进行编入，该内容的有关描述在初级茶文化中可以略微带过，但在中高级茶文化教材中，可以做进一步探索和解说。

通常情况下，有关茶艺的教材编写具体内容有：如何选择茶具和水质、煮茶的技术、茶具艺术和环境等。比如冲泡菊花茶很讲门道，菊花有着清热解毒、降低炎症的功效，热水冲泡，一日三杯则比较适宜。若与绿茶同饮，则菊花和绿茶比例以 2∶1 较合适；若与枸杞同饮，则有明目、强体和健肝作用，有效缓解疲劳。所以在教材中，可以引入比较实用且操作较简单的实践性知识。

在对外汉语教学初级时期，在教材中对于茶文化的讲述，要以初级茶文化为主要内容（见表 6－2），而对于较高级的茶文化内容的选用编写，则要根据学习者的具体情况和实际水平确定。②

（二）求同存异

以教学观念的角度来说，时代的发展对语言教育的要求也越来越高，单一的语言教育也将逐渐被语言加文化的教育所代替，而且将逐渐成为一种汉语国际化教育的重要趋势。西方国家一贯提倡自由，与人的交流中也善于运用自己的方式。因此，中国在实现跨文化交流时，

① 周朋．对外汉语中的中华传统文化传播与教学［D］．湖南大学，2013：15－40．

② 薛靓．对外汉语文化因素中的茶文化知识教学研究［J］．福建茶叶，2017，39（05）：279－280．

不能固守己见，将母语文化生搬硬套地强行加入其他国家文化中的方式是行不通的。很多留学生是对中华传统文化产生了浓厚兴趣，所以才选择来华留学，包括茶文化在内的中华饮食文化，更是深深地吸引各国的留学生，并被留学生所青睐。

各个国家都有自己独特的民族文化和习俗风情，所以对外汉语教学时，若能适当地将中华传统文化和其他国家文化的差异进行对比，将更容易引起留学生们的学习热情。

例如，在针对中国茶文化进行讲授的过程中，可以引入英国的“立顿”茶文化，通过对比，让学生对两种茶文化的相似以及差异之处都有一定认识，可以提高学生的学习热情。若是讲授茶文化时，只是简单地介绍中国茶文化，那么则缺少和学生之间的互动和沟通，使得教学效果差强人意。

要大力推广对比教学模式，不但要借助老师的力量，同时更需要汉语教材编写者的大力付出，收集大量的异国文化，并将之于中华传统文化进行对比编写，而且还能有目的性地将思考点，如为什么会有各种形态茶具的产生等进行引入，并将各种有关的背景资料融合到教材中，这样可以极大地提高对外汉语老师的教学便利性。

中国是茶文化的起源国，并且影响着世界其他国家的茶文化。有时代感和连续性的茶文化也只在中国产生。从中国的茶叶贡品到茶的品鉴，再到现在茶的贸易等，其发展文化都具有一定的连续性。在中国国际化交流和沟通中，也不乏茶文化的身影，这为茶文化的发展赋予了重要意义。

世界各国的茶均产自中国，可以说中国是世界茶文化的发祥地。英国一名对中国科技史研究较深入的专家李约瑟认为，中国的茶和造纸术、印刷术、指南针和火药一样，是人类非常杰出的一大贡献，说明越是贴近民族需要的，越能够成为世界性的道理。

在选择茶的品种方面，英国人较偏好红茶，但是中国人却同样喜欢黑茶、白茶和绿茶等。两国饮茶的方式上也有所差异，比如中国人饮茶讲究清饮，即用沸水冲开茶叶，稍冷则可饮用，寻求的是茶的原汁原味；但英国人则不同，他们饮茶需加入柠檬、糖或者牛奶等，属于调饮的一种方式。所以，各个国家的茶文化都不尽相同，这要求在跨文化交流中允许差异性存在，相互学习，共同进步，才能真正实现跨文化交流。

（三）知识性与趣味性相结合

文化教材要具备一定的趣味性。因为对外汉语教材本身是针对留学生进行编制，这些留学生对中华传统文化已经具备了一定热情，只是通过文化课对中国进行深入认识。

传统文化的教学不需要将教材限制在书本类，而是可以通过多种互动性的教材实现。对外汉语教材样式多变，不落俗套，将现代化的科技媒体技术进行大量融合。比如对各种广告教学、座谈会和视频教学进行广泛采用，使这些并非传统意义上的教材都为对外汉语教学的效果提升重要贡献。

在讲授汉语知识的过程中，运用各种精彩纷呈的教材，各种唯美图案的运用，有利于教学目标的顺利完成。通过插图方式呈现知识内容，能够有效帮助留学生对课文进行理解和认识。除此以外，插图的设置能够激发学生的记忆，让其在学习过程中留下较深印象。

除了采用漂亮的插图，还可以采用视听教学的方式，提高教材的趣味性和实用性。比如《茶马古道》讲述中国茶文化的一个非常优秀的影视作品，对中国茶文化的传播和发扬有着重要意义。影片一经播出，在世界范围内产生了极大影响力，人们在其中了解到中国的茶文化，并且带动茶马古道和普洱茶，推动了地方经济的大量发展。验证了影视文化对茶文化的巨大推动作用，而且其推动效果远远大于传统的宣传效果。

二、知识学习与实践运用相结合

中国与世界文化教育交流的一个重要方式，是通过招收培养一批又一批留学生完成。留学生作为学习汉语的一个重要群体，在2018年已达到近50万人次，他们是从数百个国家和地区慕名而来。他们组成了对外汉语教学中的主体和受教者。留学生的表现将直接反映中国对外汉语教学工作的效果。同时，留学生也是包括茶文化在内的中国传统文化教学工作好坏的重要验证者。关于对外汉语中国茶文化的教学，需要重点关注和把握以下三点。

（一）茶文化知识的掌握

很多留学生在开始学习时不太能适应，这需要老师放缓课堂节奏，降低课堂教学内容的难度等。留学生出现不适应也是无可厚非，这是由于不同的文化背景所造成。但是，这种不适应性带来了对外汉语老师的困扰：是顺应留学生的要求，不对中华传统文化进行深入讲解，而只是照着书本知识点进行传授，这样虽然照顾到大部分留学生的需求。但是，长此以往，将会呈现出越来越多的教学缺陷。这必然需要留学生在课堂上认真努力学习知识，而且还要在课后进行温习，尽可能深入理解中国的传统文化，这样才能确保知识的牢固掌握和进行一定的知识拓展，而且让自己快速的适应中国教学环境，从而学到具有中国特色的传统文化知识。除此以外，还可以将茶文化学习者分为初级、中级和高级三个级别，以适应不同汉语水平的留学生进行学习。

从中级茶文化知识点——茶文化的起源和发展角度看，老师要先对茶在中国的发展进行简单介绍，让留学生知道秦汉之前的中国茶业是源于巴蜀等地，中国的饮茶风气也是在秦统一了巴蜀以后，才开始流行。因此，茶文化是从巴蜀等地发展起来。到目前为止，这一观点也得到了茶文化研究者和历史学家的认可。

到三国两晋时，茶业开始在长江中游地区兴盛起。这个时期，随荆楚茶业及茶叶文化因其地理位置的优越而在全国获得了较广泛传播。从中国茶文化传播上来说，长江中游地区以及华中地区逐步替代了巴蜀，成为茶文化传播的核心地区。这种发展，在西晋时期的《荆州土记》中有所记载，从文中提到“武陵七县通出茶最好”，荆汉地区茶业发展盛况可见一斑。到了唐朝时期，长江中下游地区已经成为茶业的产生和消费的主要地区。

唐朝中期时，长江中下游的茶业产量一直在增长，而且逐步成为世界有名的制茶地。到宋朝时期，已经逐步呈现出现代茶叶的分布雏形。至明清时期，茶区分布比较稳定化，茶叶的制作和茶叶的兴衰，体现了茶业的主要发展方向。

关于中国茶文化向世界发展和传播的过程，则要进行详尽解说，要让留学生重点了解中国茶文化给世界带来的变化，并且可以将茶文化在日本的传播情况作为课堂重点内容。中国茶文化最开始是由日本和尚最澄大师和空海大师引入日本，他们分别在公元 805 年和公元 806 年在中国研究佛学，随后将中国的茶叶蒸青绿茶技术带回日本。直到 1811 年，荣西和尚在中国留学后，将中国的锅炒茶法带回了日本。日本仿制中国进行红茶、绿砖茶的制作，是在 1898 年，并呈现出自己的特点。日本仿照我国制作珠茶，是在 1926 年，而且获得了较好评价。日本现在较流行的煎茶方法，其实是源于我们国家的浙江龙井。关于这些中日茶文化之间的相互学习和交流，都是茶文化理论知识的重要组成部分。

茶文化是中国传统文化不可或缺的重要部分，茶文化内容丰富多彩，与茶有关的诗歌、舞蹈、小说、对联、谚语和故事非常多，这些都是茶文化的重要组成部分。所以需要了解留学生对茶文化的哪个方面比较有兴趣，是开设茶文化相关课程的重要前提，并选择适合留学生需要的课程内容。

（二）学以致用

学习的过程是人们对客观世界的一种认知和掌握。学习最终是为了能够学以致用。我国教育家孔子非常注重学和用的意义。学以致用是从感性认识提升到理性认识的一个过程，也是将理论转换为实际操作的一个过程。

对学生进行理论知识的传授，重点工作是对学生实践能力的培养，这种实践能力不只是知识的掌握，而是对文化掌握的过程。好比做什么事情都要从客观实际出发。任何知识和才能的掌握，都是为了有所用途。

学习知识是否具有实用性，需要通过实践进行验证，在实践中对所学知识进行检验，其一是在社会实践中加深对理论知识的印象，其二是运用学到的知识指导实践活动，从茶文化角度来说，是如何运用茶艺。学习和应用的统一，有利于其实践能力的提高。同时也是目前最重要的教学目标，如果无法将所学应用到实践操作中，那么这种学习是毫无意义的，也不利于茶文化的推广和传扬。若是留学生对茶艺的学习，只停留在课本内容上，那么他们也永远无法了解和认识到中国茶文化的精髓之处。

（三）茶文化传播者

对外汉语老师、喜欢饮茶的人以及各国留学生等都属于茶文化的传播者。针对留学生所开展的对外汉语教学的目的，不仅让留学生了解中国传统文化，更要将留学生吸引成到中国传统文化的传播队伍中。以这个角度来说，培养留学生的实际交往能力和传播能力，成为对外汉语教学的一个重要目标。

对外汉语教学是一种跨文化交流的过程，跨文化交流的目的始终贯穿于整个对外汉语教学中。所以，教学质量的好坏取决于沟通交流能力的高低和跨文化交流，对外汉语老师的评选核心也以跨文化交流能力为前提。与此同时，外国留学生的跨文化交流能力的培养，也是对外汉语教学的重要教学目标。

对外汉语教学的重要任务，是提高学生的实际交往和沟通能力，使他们的跨文化交际水平得到提高。针对这个目标，需要从事对外汉语教学的老师要全面系统地认识到跨文化交流的作用和积极意义，基于对这个理论的正确、客观和全面认识基础上，实行对外汉语教学，并提高跨文化交际意识，从而正确引导其解决教学中所遭遇到的各种问题和疑问。

对文化知识进行学习的过程中，不能忽视记忆作用，但又不能仅仅局限在记忆上。文化的学习不仅需要学习者对知识进行记忆，而且还需要学习者对知识进行认知、体验和理解，并经过一定的内化作用后，形成自己的知识体系。所以，老师应该为学生的理解和认知创造文化交流的机会，让留学生积极主动地了解中国文化，体验中国文化。老师应该以留学生作为主体，这样有利于调动学生的主观能动性，激发学生主动讨论、主动探索，提高了教学目标的实现。

目前，茶文化是国际经济文化交流的一种重要载体。首先可以从国际茶文化交流活动的不断增加中看出来。各个国家和地区的爱茶者欢聚一堂，热烈谈论茶文化的发展和对茶文化的发展提出自己的建议和看法。比如美国洛杉矶在 1998 年 9 月召开的“走向 21 世纪中华茶文化国际学术研讨会”，非常具有代表性，为中美经济、文化和政治的交流和沟通提供了重要机会，这次研讨会是以茶文化为主题开展。其次可以从国际交流的茶文化中看出来。2003 年 5 月份，杭州市政府和博鳌论坛共同举办了博鳌西湖国际茶文化节。这个活动以茶会友，增加了亚洲各国和地区的交流和沟通。这次活动的开展和合作，有利于提高亚洲各国的经济文化交流。

随着茶叶网站的兴起和发展，更加便利了留学生进行中国茶文化的学习和传播，加之茶文化获得空前的发展，各种网络技术和多媒体技术等先进科学技术也融入茶文化传播中，极大地推动了茶文化向前发展，有利于茶文化的推动和普及，为茶文化注入了新的活力，更加吸引了留学生的注意力。因此，对茶文化网站的开发管理力度的提高，可以更好地实现留学生之间的互动和交流。

基于此，可以将茶文化专业信息成立一个资源库，对各种茶文化信息进行处理和收集，建立相关的信息服务体系，以供学习者进行免费或者是付费的信息查询和传输之用，不断丰富各种形式，如视频、图像、文字和声音等互联网信息；将茶文化的最新研究成绩和信息通过互联网进行传播，这样能够扩展茶文化的传播范围和面积，还可以利用交互技术、视频技术、电子邮件等形式，进行茶文化的传播和宣传；开展茶文化的学术交流和讲座，并基于已有的茶文化协会和研究中心，开展茶文化的广告发布，茶文化信息的传播等；建立相应的茶文化论坛，加大茶文化的学术推广，为各国的茶文化交流提供专业平台。

网站的建立还应该引入各国语言，如日语、韩语、英语等，有利于各国学生进行学术交流和沟通，还可以通过与比较知名的门户网站进行合作，利用他们的开发团队，将茶文化通过各种形式，如漫画、动画、声音、视频、图像等进行宣传和传播，使茶文化的内容具有时效性、实用性和适用性。通过以上各种措施，加强茶文化的交流和宣传。

除此以外，茶文化的宣传还可以利用讲座和展览的方式进行。讲座具有互动性强、灵活性好的特点，对留学生产生强烈的吸引力，比如大学时期针对茶文化开展的知识讲座等，极大地吸引了大批留学生参加。这样不但讲解了茶文化的发展历史，而且还可以现场演示一些独具特色的茶艺。这是一种从听觉和视觉上了解茶文化的方式。此外，还可以开展一些比如泡茶大赛、品茶会等活动，这样能够吸引留学生参与，这种互动方式不但提高了留学生的实际交流能力，还有效地提高了他们对茶文化、茶艺的理解和认识。

第六节　中华传统茶文化教学与传播效果评估

一、中华传统茶文化教学效果评估

对于教育领域的工作者来说，教学评价始终是他们的特别关注点。在教学活动中，教学评价是其中一个重要环节，对教学成果进行科学评价，能够获得教学情况的有益反馈，对外汉语教师能够据此改进自己的教学方法，调整自己的教学内容，让留学生能够了解自己学习成效，从而使教与学的质量得到共同提高。在对中华传统的茶文化进行评价时，应该对以下几个问题给予特别关注，避免教学过程出现偏差。

（1）文化教学的内容与对外汉语教学对象汉语水平相符合。在开展对外汉语教学时，首先要考虑留学生实际的语言能力以及对于借助语言开展交际活动的需要，要合理选择教学内容，科学制定教学程序和阶段。在学习的初级阶段，教学应当突出语言学习，教授一些与文化相关的名词、成语等，比如茶叶、茶、乌龙茶、碧螺春、茶艺等简单词语；中级阶段，可以提高学习难度，增加新的学习内容，比如安排留学生学习《品茶》《茶与饮茶》等较为专业的课文，在课堂上可以为留学生讲授中国茶文化的发展史，中国茶文化对世界其他国家的影响，中国茶文化对外传播的历史等；高级阶段，可以开设较为专业的茶文化课程。比如为留学生讲授茶叶的种植以及采摘工艺、茶叶的泡制方法、茶叶的存储工艺等。这个阶段应该更加侧重于实际操作，让留学生有更多的机会参与实践。在开展文化教学的过程中，不论涉及何种领域的知识，都离不开语言方面的教学。

（2）茶文化教学的内容应该是经典代表。在茶文化教学中，所选择的课程内容要具有一定的代表性。在教学中应当将当代实际生活中的茶文化作为主要内容，这样语言学习者才能在学习茶文化的同时 提高自身的汉语交际水平，增强跨文化交际的实际能力。在教学中应当减少过时的茶文化传授，比如中国古代较为盛行泡茶专用的器具，但是随着历史发展，生活方式的改变，现代中国生产和消费茶器的数量已大为减少，因此在中国茶文化当中，过去十分重视的茶具目前与当代人们的习惯已不相符，但是饮茶的习惯一直被人们保留至今，无论是民间的交往还是官方的接待，饮茶的礼仪和习俗仍然被推崇。另外，在传统茶文化的教学中，还应当将具有较高文化修养的人的行为举止中，表现出来的茶文化作为学习内容。①

（3）把茶文化知识转化内在对茶的理解。通过茶文化的传播和教学，应当将茶文化的基本知识转化成为对于茶文化更深层次的理解。通常，茶文化教学是为了让外国人学习和了解中国传统的茶文化及其知识，但是对外汉语教学中茶文化的传授则没有这么简单。在教学过程中，不仅要让外国学习者了解中国传统的茶文化，而且要帮助他们通过学习茶文化，提高使用汉语进行交际的能力，对中华传统文化有更深层次的理解，提升他们跨文化交际的实际能力。

（4）谨慎选择茶文化教学的内容。在对外汉语教学过程中，要谨慎选择茶文化的相关内容。因为不论任何国家，其文化中或多或少存在一定的排他性。因此在选择茶文化教学内容时，要体现出中国礼仪之邦的特性，秉持着包容和友好的态度，面对他人，面对其他国家文化，这样才能更好地帮助外国友人了解中国文化，避免在教学中因为存在文化上的差异而产生不必要的冲突。此外，所选择的教学内容要充分考虑学习者的文化理念，对他们的文化理念给予充分关注和尊重。

以中国和日本两国的茶文化为例。尽管日本的茶文化最初源于中国，但是经历了漫长的发展与演变，日本已经形成本国独有的茶文化

---

① 吴莉．对外汉语文化传播中的茶文化传播研究［J］．福建茶叶，2017，39（04）：259—260.

体系。在针对日本学习者开展的对外汉语教学中的茶文化教学过程，需要对日本的茶文化历史给予充分尊重，在此基础上再传授茶文化的相关课程。在选择课程内容时，要避免对各国茶文化孰优孰劣进行比较，正确的做法是对中华茶文化的工艺及文化进行讲解，在和谐友好的氛围中，保证与其他国家学习者的正常交流，加强在文化与经济等方面的协同与合作。

针对中国传统茶文化教学的评估，可以从两个方面进行：一是对茶文化专业理论教学成果的评价；二是对茶文化实践教学成果的评价。教学评估需要从不同层面进行，比如终结性的评估，这是通过标准化考试方式进行。再比如形成性的评估，这是通过实践及操作方式进行。于对茶文化的传播与教学，理论教学评测可采取终结性评估的方式进行，实践教学评测则可采取形成性评估的方式进行。

二、中华传统茶文化传播效果评估

（一）理论教学与传播终结性评价

为了了解学生们对于中华茶文化的理论学习与传播的最终效果，老师会在教学活动告一段落后进行评价，这种方法叫终结性评价。实行终结性评价的主要作用是考查学生运用语言的综合能力，从评价结果中能够反映出教学效果以及学校的办学质量，能够使学校和老师找到更好的教学方法。终结性评价又被叫作总结性评价，是对一件事的总结，也算是事后评价，是在教学活动的某一模块、某一学期结束时，对学生进行考查，期末考试、期中考试、结业考试等都是用于终结性评价的方法，这些考试、考核都是为了更好地了解整个或是某一阶段中的教学效果，同时也是为了检测留学生在对外汉语学习中的效果，这些效果对学校改善教学方法有着极其重要的作用，而且这些“效果”也是人们口中“5W”模式的“效果”。

考试结果是终结性评价的重中之重，学校可以通过考试结果，鉴定对于对外汉语专业的留学生和教师更好地学习和教学方式，同时在评估整个教学活动如何时，鉴定结果是重要依据。

给学生评定成绩和为学生提供关系到某个教学方法是否有效的证

明，是终结性评价的重要目的。终结性评价比较常见的作用是评定留学生在茶文化理论教学和传播中的学习成绩，通过对学生平时学习状况的观察和考试成绩，对外汉语教师可以对留学生在学习上的进步、学习水平和达到教学目标的程度给予肯定并给出学生应得的分数，排出名次或写出评语。

对茶文化的理论教学与传播评估，是采用考试的方式对留学生所学习的茶文化理论知识进行测试，过程比较单一。通过测试结果，可以看出留学生对所学知识掌握了多少、是否达到预期目标等，同样，终结性评估的结果可以让学校清楚地了解到留学生对哪些茶文化的理论知识缺少兴趣、对哪些知识点认识不足或哪些知识点容易忘记，以便学校与教师改善教学方法、增进传播方式。此外，教师要在以后授课中加以注意，这样才能在茶文化的理论教学和传播中，达到更好的效果。

（二）实践教学与传播形成性评价

教师通常在教学过程中，采用斯克里芬（G. F. scriven）提出的形成性评价，对学生茶文化的实践教学与传播进行评估，这样做的目的是从学生中获得反馈，从而让教师的教学专业性得到提升，也让教师了解到教学中需要改进的地方。

在活动进行时对其进行评价，是形成性评价的本质。形成性评价方式，是对原计划和方法进一步修改和评价，从而让活动变得更好。教师在活动进行时，探索出不适用的教学方法和教学操作，从而修改这些不适用的教学方法和教学操作，让活动的最终效果变得更好。形成性评价在对外汉语教学中的作用，是进一步了解留学生在对外汉语教学活动中的学习状况、对知识掌握程度、接受信息程度等，从而更好地对存在的不足进行及时修正和调整，目的是让教学效率和效果得到提升。但在改正过程中存在一定缺陷，叫作形成性评价的慕斯，这并不是简单地对最终成绩评价以及判断考查结果。

在茶文化实践教学与传播教学活动中，教师应该做到抛弃各种考试和测验，应强调学生的参与并结合形成性评价。为了促进提高茶文化在实践中的教学质量，教师应该在进行茶文化实践教学和传播过程中，找出在学习过程中的不良习性并进行纠正，做到具有目的性、计划性地实行实践活动评价。

在中华传统文化教学与传播评价中，由于理论和实践是一种互补的存在方式，所以终结性评价和形成性评价也是一种互补的存在，但二者也有区别，也各有优点。终结性评价的优点是操作简单，可以快速看出结果，同时可以及时评估留学生对茶文化知识的掌握情况，其缺点是在考核过程中，可能出现作弊等不良行为，所以考核结果存在不准确；形成性评价的优点是评价过程较为严谨，其结果的可信度较高，但缺点是操作起来不及终结性评价简单，评价所用的时间也比较长。正是因为两种评价方式的互补性，所以在评价中华传统文化（茶文化）教学与传播时，要结合二者使用，这样才够能更加准确地体现传播教学“5W”模式的“效果”与“反馈”，也可以为改进对外汉语的中华传统文化教学与传播，提供更加有效的帮助。

参考文献

一、著作类

［1］陈昌来．对外汉语教学概论［M］．上海：复旦大学出版社，2010.

［2］陈国明．文化交际学［M］．上海：华东师范大学出版社，2009.

［3］李庆本．中外文化比较与跨文化交际［M］．北京：北京语言大学出版社，2014.

［4］亓华．汉语国际教育跨文化交流理论与实践［M］．北京：北京师范大学出版社，2016.

［5］赵长征，刘立新．中华文化与传播［M］．北京：外语教学与研究出版社，2015.

［6］祖晓梅．跨文化交际［M］．北京：外语教学与研究出版社，2015.

二、期刊类

［1］陈放．中国学界对跨文化交际中“文化休克”问题研究综述［J］．延边大学学报（社会科学版），2012，45（06）：70—77.

［2］陈晓兰．跨文化交际中和谐关系构建的语用策略应用［J］．广东海洋大学学报，2017，37（02）：95—100.

［3］邓琬珂．留学生文化休克的原因及对策［J］．湖北第二师范学院学报，2012，29（03）：68—69.

［4］付文萍．试论对外汉语中国文化教学中的茶文化［J］．福建茶叶，2017（3）：315—316.

［5］顾晓乐．外语教学中跨文化交际能力培养之理论和实践模

型［J］. 外语界，2017（01）：81－90.

［6］郭利芳. 汉语国际教育专业现代汉语教学模式探析［J］. 现代汉语，2016（9）：113－114.

［7］何丽蓬. 中泰跨文化交际中的肢体语言礼仪［J］. 湖北函授大学学报，2018，v. 31；No. 223（09）：135－136＋143.

［8］贺黎. 外语专业跨文化交际能力培养路径研究［J］. 黑龙江教育学院学报，2013，32（3）：173－175.

［9］胡文仲. 跨文化交际能力在外语教学中如何定位［J］. 外语界，2013（6）：27.

［10］黄芳，庄朝蓉. 跨文化交际中的语用失误及其在英语教学中的应对策略研究［J］. 四川省干部函授学院学报，2017（04）：101－103.

［11］贾晶. 茶文化在对外汉语教学中的应用研究［J］. 福建茶叶，2018，40（04）：425.

［12］金桂桃，刘畅，程宗颖. "一带一路"战略下高校大学生跨文化交际能力现状与培养策略［J］. 海军工程大学学报（综合版），2017，14（01）：83－87.

［13］金祥禹. 跨文化交际中的英语语用失误及应对措施［J］. 纳税，2017（15）：150－151.

［14］李雯婧. 对外汉语教学应重中华文化教育［J］. 语文建设，2017（32）：17－18.

［15］李晓鹏，沈铁，刘爽. 对外汉语教学中地域文化渗透的社会意义［J］. 黑龙江高教研究，2017（02）：165－167.

［16］李莹. 跨文化交际中的姿势用语［J］. 西部皮革，2018，v. 40；No. 427（10）：132.

［17］李振，方敏. 浅析英汉跨文化交际中的语用失误［J］. 疯狂英语（理论版），2017（04）：15－16＋36.

［18］梁美娜. 跨文化传播中的对外汉语教学网站的设计与开发［A］. 教育部全国高校教育技术学专业教学指导委员会. 教育技术的创新、发展与服务——第五届教育技术国际论坛论文集（上册）［C］.

教育部全国高校教育技术学专业教学指导委员会：湖北省科学技术协会，2006：4.

［19］梁茜．茶文化视域下的对外汉语教学研究［J］．福建茶叶，2017，39（5）：220—221.

［20］刘建彤，蔺佳影．跨文化交际能力培养与对外汉语教学关系研究［J］．现代交际，2018（05）：126+125.

［21］龙梅芬．跨文化语用学视角下的语用失误探析［J］．宏观经济管理，2017（S1）：109—110.

［22］孟若愚．第二语言文化习得研究发展轨迹［J］．北京大学学报：哲学社会科学版，2013（2）：147—149

［23］彭军．国际汉语教师跨文化交际能力调查研究［J］．辽宁师范大学学报（社会科学版），2013，36（05）：695—698.

［24］祁伟．对外汉语教学中的中华传统文化传播策略［J］．湖北函授大学学报，2017，30（07）：97—98+172.

［25］钱文娟．学生跨文化意识和交际能力现状与对策［J］．中国教育刊，2013：12.

［26］司乐园，王永祥．探析跨文化交际中的中西方语言差异［J］．教育教学论坛，2018，No. 368（26）：83—84.

［27］孙荔．跨文化交际对外汉语教学中的障碍及其解决对策［J］．现代教育管理，2011（04）：116—118.

［28］王建华，周毅．对外汉语教学视野中的跨文化语用研究［J］．绍兴文理学院学报（哲学社会科学），2011，31（05）：90—94.

［29］王军，李丹阳．对外汉语教学中的跨文化参与研究［J］．吉林化工学院学报，2017，34（04）：1—3.

［30］王丽．"一带一路"背景下对外汉语传播模式探析［J］．文化学刊，2017（10）：156—159.

［31］王丽．"一带一路"对外汉语传播的创新模式［J］．青年记者，2017（32）：41—42.

［32］王秋云，周州．浅谈近年来对外汉语教学中的跨文化交际研究［J］．科教文汇（上旬刊），2018（03）：43—45.

［33］王晓丹．跨文化交际学应用于对外汉语教学的启示［J］．才智，2018（03）：26.

［34］王燕．浅议对外汉语教学中文化与交际意识的培养［J］．淮海工学院学报（人文社会科学版），2012，10（20）：120—122.

［35］王子晴．跨文化交际中汉语言交际语用失误的影响因素［J］．现代交际：学术版，2017（22）：89—89.

［36］吴莉．对外汉语文化传播中的茶文化传播研究［J］．福建茶叶，2017，39（04）：259—260.

［37］徐平．二语习得与跨文化交际意识的融合［J］．东北师大学报：哲学社会科学版，2013（4）：135—138

［38］薛靓．对外汉语文化因素中的茶文化知识教学研究［J］．福建茶叶，2017，39（05）：279—280.

［39］杨彬．跨文化交际中的委婉语语用解读［J］．西安文理学院学报（社会科学版），2017，20（03）：14—18.［40］赵朋飞．浅析跨文化交际中的社交语用偏误［J］．安徽文学月刊，2017（8）：82—83.

［41］杨梅．汉语教学跨文化交际能力培养的必要性与途径［J］．和田师范专科学校学报，2011，30（05）：79—81.

［42］易红．跨文化交际视角下提升第二语言教学质量——评《跨文化交际与第二语言教学》［J］．中国教育学刊，2017（10）：118.

［43］张慧．跨文化交际的语用问题研究［J］．现代交际，2018（05）：91—92.

［44］张扬．在对外汉语教学中传播中国文化的策略［J］．人才资源开发，2015（04）：155—156.

［45］周朋．对外汉语中的中华传统文化传播与教学［D］．长沙：湖南大学，2013：15—40.

［46］朱婧．跨文化视角下的对外汉语教学研究［J］．语文建设，2017（09）：19—20.

